直到沒有戰火的那一天

——一名戰地記者的生死見聞

彭光偉　著

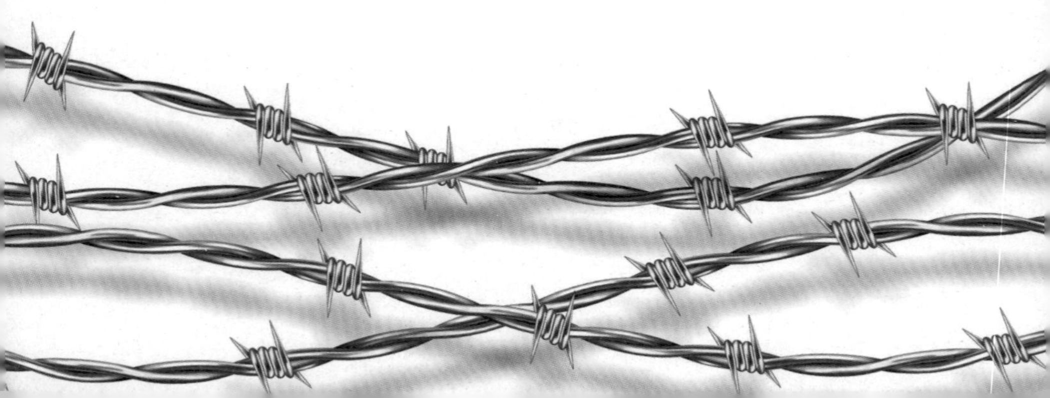

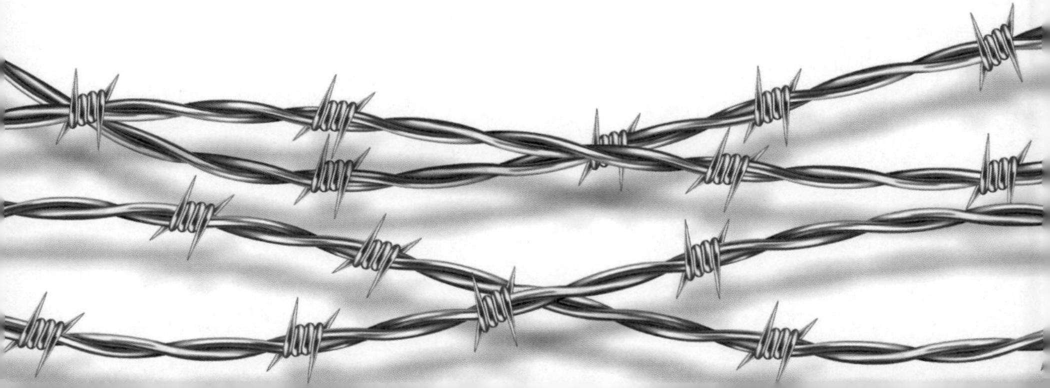

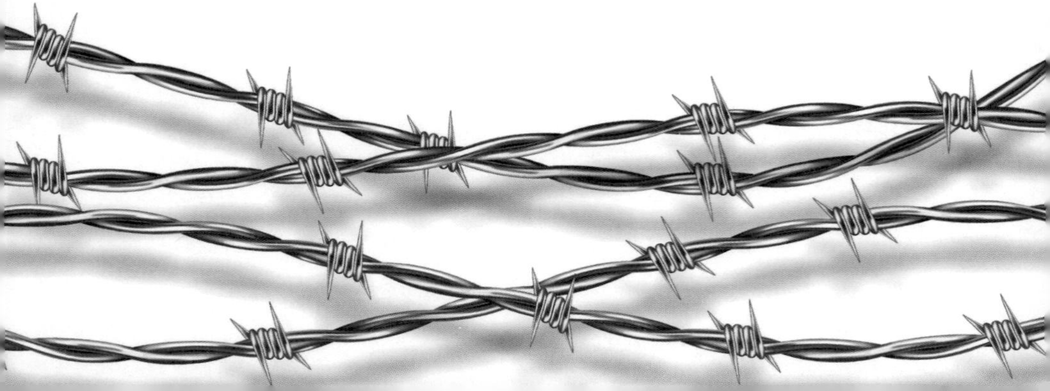

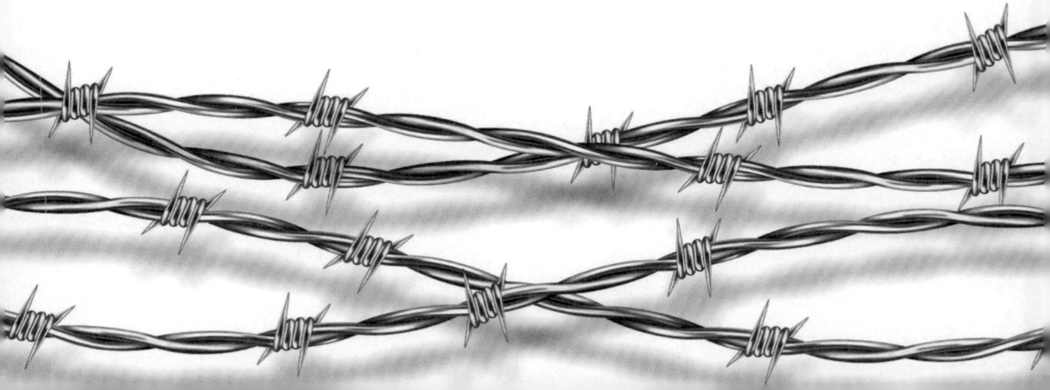

自序

我能意識到心中的矛盾，儘管總是悲觀地認為，只要人類仍存在，衝突就無法終結，無論規模大小。或許，「直到沒有戰火的那一天」永遠不會到來，但我還是寧願相信，心中仍要懷抱一絲希望，因為那是我們唯一能為自己與未來世代保留的念想。

書寫這本書的過程，將我帶回到曾經駐足的戰場。每個瞬間、每個故事，無論是交談中隱忍的悲傷，還是廢墟中絕望的聲音，都深藏在我的記憶中。這些情景，對於從未見過戰火的人來說，也許遙不可及，但我希望透過戰地採訪的故事，提醒讀者：戰爭不僅僅是遠方的風暴，它的火種可能隱藏在我們意想不到的角落——當威脅來臨時，我們準備好了嗎？

本書完稿之時，烏俄與以哈戰爭仍未結束，自二〇二二年以來，這兩場牽動全球局勢的戰爭，究竟會以什麼方式終結？又會留下什麼樣的後果？這些問題，都如巨石壓在每個親歷者的心頭。每每分享戰爭採訪的歷程，我總提醒，狂人領袖的算計，永遠是以犧牲老百姓為前提，老百姓是誰？就是你和我。

戰爭不僅僅是武器與國土的爭奪，它更是認知戰、心理戰。每一則新聞、每一個畫面，背後都有其特殊的脈絡與立場。即便我身處前線，目睹一切，也明白我們所看到的僅是冰山一角。作為新聞工作者，我希望透過鏡頭與文字，傳達被忽視的聲音、被遮蔽的真相。我的責任不只是見證，更是記錄、呈現、引導人們思考：為什麼會發生這些事情？背後的根源是什麼？我們又能做些什麼？

與本書中的戰火國家相比，臺灣是塊相對安逸的土地。多數臺灣人未曾親歷戰爭的恐懼，但始終深信，我們擁有強而有力的盟友，可以在危急時刻伸出援手。然而，當我走過那些遍布創痕的戰場時，深刻感受到，一個國家若無內部共識、欠缺韌性，即使盟友的援助，也無法改變戰爭所帶來的悲慘命運。戰爭永遠不應是我們的選項，但一旦發生，我們是否有能力快速應變降低傷害呢？

這本書的每一段文字、每一個章節，都是我在採訪戰地時最真實的體驗與反思。我無法解答所有的問題，但我希望透過這本書，引領讀者理解：驅動戰爭的動因究竟是什麼？在仇恨與復仇的交錯中，我們是否能尋找到一條通往和平的路徑？

我曾經羨慕CNN的Anderson Cooper、Christiane Amanpour，總能在國際矚目戰爭和災難的前線採訪，這是臺灣媒體能夠給閱聽者的極限了嗎？購買CNN的素材，轉譯成國際新聞，提供給臺灣觀眾或讀者。這很重要，我就是在這樣的媒體環境中開啟了國際採訪的生涯。但我也思考，為什麼我們不自己赴前線採訪呢？

三立電視在臺灣媒體中屬於少數願意支持戰地報導的團隊。我從二〇一六年開始，不斷提出戰地採訪計畫，新聞部主管幾乎毫無保留地支持，在商業電視臺運作成本的考量下，這是艱難的決定。但主管的力挺讓我走過數個戰場，成為我邁入未知領域的堅實後盾。這本書的誕生，凝聚了許多同仁的努力與心血。希望它能帶領讀者穿越語言與文化的藩籬，了解地緣政治的激烈角力、流血衝突的深刻代價，進而守護我們所居住的這片土地，避免重蹈那些曾淌血的覆轍。

最後，我要將此書獻給所有心懷善意、真誠待人、並熱愛和平的地球人們。

寫在出版前——強人領袖們的瘋狂戰場

二〇二四年十月一日，以哈戰爭即將週年，伊朗都還沒為哈瑪斯前領導人哈尼亞在德黑蘭遇刺身亡展開報復，以色列倒是先發制人，對伊朗的小老弟真主黨下手。你說到底是誰打誰？以色列和真主黨統治的黎巴嫩素來不合，多年來在邊境本就互有往來，但是在以哈戰爭爆發後，雙方更激烈地交鋒，中東的戰場不斷擴大。

臺灣時間十月二日午後過後，手機上的以色列空襲警報程式瘋狂跳出警示，伊朗朝著以色列發射近二百枚飛彈，伊朗革命衛隊發出聲明警告以色列，如果報復將招來更嚴重的反擊。

幾近瘋狂的以色列，或者說納坦雅胡與其極右翼鷹派同僚，拉著以色列全國上下人民的命陪他們走入極端。九月黎巴嫩境內的真主黨成員通訊使用的 BB Call 以及對講機接連爆炸，把真主黨炸得人心惶惶，以為捨棄了先進的手機就能預防敵人的追蹤、定位、或是駭客入侵，卻不想仍遭到暗算。

多數人把矛頭指向以色列，臺灣也因為授權貼牌 BB Call 而被捲入攻擊風波，但事發後以色列遲不認帳，反倒是真主黨密集式的火炮攻擊，讓以色列又有了加強反擊的理由。

以色列的「鐵劍行動」從加薩打到黎巴嫩。回頭看看加薩走廊的慘境，不留活路地重擊，表面上是打跨了哈瑪斯，也讓這裡的生氣在這段時間，隨著從天而降的轟炸灰飛煙滅，許多人哀嚎絕望後死去。同樣的力道和手法，從南部加薩轉移到了北部黎巴嫩，以色列的多點打擊延伸至敘利亞大馬士革，更遠到達葉門胡塞組織控制的荷臺達。

戰爭打久了，就算再愛國也會筋疲力竭。猶太人的向心力舉世聞名吧，但願意把自己的一生奉獻在無止盡戰火裡的人越來越少。很重要的原因之一，就是納坦雅胡的私心和瘋狂已經失控。

納坦雅胡深陷多起弊案，以色列法院訂在二〇二四年十二月二日開庭審理，這對納坦雅胡而言可能成為結束政治生涯的轉捩點。我的以色列友人在八月告訴我：「在法院開庭前，納坦雅胡一定會發動對真主黨的大規模戰爭，邊界已經被蹂躪不堪，以色列早就該正式反擊，不過納坦雅胡在等適當時機。」

戰爭變成了政客自保的手段？他們梭哈的籌碼，是自己的、他人的、周邊的各種有機會大放異彩的生命。我不確定還有多少人有強人迷思，但這個世界最不需要的就是強人，而是對生命有感的領導者。

密集的戰爭讓人類更加互不信任，或是被逼得選邊站。我在社群媒體放上一張以色列空襲警報截圖，臺拉維夫周邊滿滿的紅色警戒，我的穆斯林友人在留言處留下了：「你有責備以色列嗎？」另一位則說：「你選擇討論真主黨的行動，但卻從不提以色列在周邊地區的作為？」我真沒想過我在台灣也要為中東的局勢選邊站。

於是我選了，我選擇站在老百姓的同一邊。不管是好戰的納坦雅胡，或是極端的穆斯林領導人，都帶著信任他們的人民走向滅亡，做為記者，我試著不帶偏見地記錄事件，但我必須說，為少數私利終結多數生命的作為，都不配作為被支持的選項之一。

第一章　誰的應許地——以色列、巴勒斯坦

Israel & Palestine

黎巴嫩
大馬士
敘利
納哈里亞
阿克里
海法
拿撒勒
地中海
內坦亞
約旦河西岸
臺拉維夫市
雷馬拉
阿什杜德
耶路撒冷
安曼
希布倫
貝埃里
雷姆
加薩走廊
昆爾謝巴
以色列
約旦
埃及

以色列與巴勒斯坦之間的恩怨情仇，不管如何書寫，都難以完整的梳理。對以色列人而言，全世界的阿拉伯人都可能是他們的敵人，不僅是該國地理位置上被眾多穆斯林國家包圍著，還包括宗教聖地的爭奪。耶路撒冷的地位崇高，是猶太教、伊斯蘭教和基督教的共同聖地，卻只有以色列能夠全權掌控。以色列一向與西方國家交好，基督徒來去自由沒有太大問題，但若穆斯林想到阿克薩清真寺（al-Aqsa mosque）朝聖禮拜，如果不是住在耶路撒冷老城區的阿拉伯人，就得突破重重關卡，取得以色列官方的同意，才能有機會進到這個伊斯蘭教的第三大聖地。

發生在阿克薩清真寺的衝突年年上演，以巴雙方總有些屬於光譜極端的人試圖挑釁。猶太極端主義者在聖殿山獻祭，和以色列籍阿拉伯人（巴勒斯坦人）發生衝突；或是巴勒斯坦人抗議以色列的入侵與非法統治，朝著以色列軍警、交通工具丟擲石塊等。各方都有傷亡，巴勒斯坦人沒有完整的軍事系統或訓練，總歸居於弱勢，而以色列的強大軍事力量，撐著這個國家對抗他們認為的外來威脅。

每一次的小衝突，都在為未來的大規模戰爭累積能量。中東一直是全世界的衝突熱點之一，以色列和巴勒斯坦的無解心結，更是重中之重，就算每次的戰爭後停火了幾年，但總有些引子能重新點燃這座彈藥庫。

復燃：中東火藥庫的引線

二〇二三年十月七日，近五千枚火箭彈飛向以色列各城市，中東火藥庫的引線再度點火。直接導火線是加薩走廊政治、宗教和軍事組織「伊斯蘭抵抗運動」，又稱「哈瑪斯」，對以色列的突襲。但點燃導火線的背後原因，當然是以色列對巴勒斯坦包括加薩走廊、約旦河西岸的長期封鎖，和以屯墾為名、侵占土地為實的壓迫。

哈瑪斯啟動「飽和式攻擊」，任誰都想不到，以色列一向引以為豪的鐵穹系統，竟然在這波攻擊中失去作用，數千枚火箭彈齊發，讓電腦來不及計算和攔阻，一顆顆掉進鄰近加薩的城市，甚至臺拉維夫，這只是其一。

當時以色列超新星音樂祭（Supernova Music Festival）正在鄰近加薩城市雷姆（Re'im）舉行，哈瑪斯成員衝進會場，持槍掃射，徹夜狂歡的人潮還來不及反應，已經有許多人中槍倒下、死亡。音樂祭現場人群狂奔四散，恐慌瞬間擴散到整片場域，哈瑪斯不僅近距離開槍殺人，也綁架人質，這些畫面在全球各地的新聞中一一被報導出來。

沒有人會知道期待已久的音樂盛宴，竟是自己的人生終點站。事後統計，這場音樂祭有三千五百人入場，多數是以色列人，也有來自世界各地的遊客，現場有保全警衛，但終究抵不過哈瑪斯的襲擊，現場將近三百七十人死亡。

近千名哈瑪斯成員分批行動，有人進到音樂祭，有人闖入周邊社區，包括貝埃里（Be'eri）有一百零八人死亡、卡法阿札（Kfra Aza）有將近二百人死亡，還包括其他城市在內，以色列這方總計死亡人數約一千四百人，超過二百人被挾持進加薩作為人質。

這一天，臺灣時間正好是國慶連假的開始，臺灣媒體大多在準備著各種國慶活動的報導，以及總統的國慶演說內容，而我也剛開啟了我的連假模式，沒想到哈瑪斯就在這時候行動了。晚間我接到了主管電話，討論前往以色列採訪的可能性，身為國際新聞記者，我蠢蠢欲動，但因為事件剛剛發生，加上以色列可能擴大報復，引發周邊國家的連動反擊，過去戰地採訪

▲在以色列南部城市斯德洛特（Sderot）的一處制高點上，一字排開的攝影機和來自世界各國的記者們，正專注地用鏡頭捕捉天空劃過的戰機和隨之而來的爆炸火光，伴隨著震耳欲聾的轟鳴聲，戰爭的殘酷畫面不斷出現。遠方的加薩被濃煙籠罩，城市輪廓在朦朧中若隱若現。每一次爆炸，都意味著更多的破壞和可能的傷亡，鏡頭所及之處，是無數巴勒斯坦無辜平民的家園。但不管眼前的殘忍轟炸如何在全球傳遞，都無法阻止以色列以殲滅哈瑪斯為由對加薩走廊的密集轟炸。

的經驗告訴我，再觀察一下比較好。

這場被媒體稱為「奇襲」的攻擊，哈瑪斯把它命為「阿克薩洪水行動，طوفان الأقصى，Al-Aqsa Flood」，從行動名稱就知道哈瑪斯的策畫意圖，洪水來得又大又急，勢必造成無數死傷，會被洪水吞噬的城市地區，多是毫無防備甚至沒有危機意識，最後下場總是慘痛。

從未真正停止過的以巴衝突，出現了被外界視為半世紀來最慘烈的一次。但這算是奇襲嗎？不，巴勒斯坦從來沒有放棄反擊以色列，他們只是在等「適當」時機。向來以國防軍武科技為傲的以色列，沒有偵測到哈瑪斯的行動，過於自傲、忙著算計、情報網被滲透，讓以色列吃了這記悶棍。

事件爆發的第一時間我就相信，以色列

▲以色列坦克在加薩邊境的高點上，朝著加薩走廊發射砲火反擊哈瑪斯。以色列對哈瑪斯開戰後，短短幾天就徵召了超過三十萬名後備軍人駐守加薩走廊邊境。由於後備軍人在退伍後疏於軍事訓練，因此徵召集結後，以色列部隊在邊境先對後備軍人重新訓練戰技及軍事武器裝備的演習，由於雙方已經開戰，演習等於作戰，各種實彈訓練都朝著加薩走廊的方向。

的報復行動絕非哈瑪斯可敵，但除非以色列「殲滅」所有阿拉伯人，否則我大膽先說結論，以巴衝突毫無解方，只能等待大自然把人類滅絕。

阿克薩洪水行動策畫縝密，絕非臨時起意就能發動如此大規模的攻擊，光是數千枚的火箭炮準備就位，就得費上好大功夫，這麼周全的計畫，僅由哈瑪斯就能發起嗎？我個人持保留態度。中東問題得綜觀全面，哈瑪斯或許只是影武者，背後真正的主謀另有其人。多數人猜測是伊朗，我認為可能性極高，武器、戰略和各項支援都是強而有力的後盾，只要能對以色列造成任何程度的傷害，都符合哈瑪斯的政治目的，他們有立場可以極大合理化這項行動，就是以色列數十年來對巴勒斯坦人的壓迫。

▲以哈戰爭爆發後，以色列出動大批部隊人力、裝甲車、坦克及軍事設備進駐加薩邊境。其中包括以色列最重要的梅卡瓦主力戰車，這是由以色列自行研發，因應當地地形環境條件設計，而隨著軍事科技的進步，以色列軍方在這一場戰役中將梅卡瓦坦克加上頂蓋，預防現代戰爭中流行的無人機攻擊。

攻擊以色列，對長期處在以色列對立方的伊朗來說並無害處，但伊朗不能自己動手，因為以色列的背後是美國，一旦美國介入，就不會只是以巴衝突這麼簡單而已。伊朗長期被美國制裁，但他們能忍，也總能給美國出其不意的一擊。

而對於以色列人，他們的愛國情懷幾乎沒有其他國家可以比較，他們也從沒有忘記過千年前的亡國之痛，我曾經採訪過以色列的「獰貓」部隊，裡面有超過六成是女兵，取名獰貓，就是希望和這種生物一樣能在艱困的環境中生存下來，並且快速又精準地擊殺獵物。他們在沙漠中進行軍事訓練，各項操演沒有因為性別差異有所輕重，他們凝聚的是團體的向心力，沒有人會被落下，慢了，自然會有隊友推你一把。在這一次的戰爭爆發後，立刻就可以從媒體上看到報導，許多海外以色列人已經整裝返國，一起對抗外來的攻擊。

巴勒斯坦人的重砲反擊，不出意外又是從加薩走廊發起，以色列宣布進入戰爭狀態，官方甚至說這場衝突將長時間延續。事實上，就如我一開始提到的，以巴衝突從未停止，只是這次大規模的攻擊引發了關注。

要挺以色列或是巴勒斯坦？世界各國開始選邊站，但老百姓的想法未必會跟政府同步。

美國想當然耳率先發聲，力挺以色列對哈瑪斯進行報復，並譴責恐怖攻擊。事件發生後，拜登立刻表態：

我們政府對以色列安全的支持堅若磐石且毫不動搖。我要把話說清楚，此時此刻，不容任何敵視以色列者，利用這些攻擊獲取利益，全世界都在關注。

My administration's support for Israel's security is rock solid and unwavering. Let me say this as clearly as I can, this is not a moment for any party hostile to Israel to exploit these attacks to seek advantage. The world is watching.

除了美國之外，多數我們認知的西方先進國家，幾乎都和以色列同一陣線，譴責哈瑪斯的恐怖行動，包括英國、法國、德國等，許多政府高層甚至親赴以色列表達支持，光是布林肯就在一個月內去了三次，雖然後來已經是騎虎難下，對以色列無差別攻擊造成大量平民百姓死亡，幾乎難以制止。世界上其他親美陣營，也都陸續表態，包括臺灣。

蔡英文總統在十月八日，哈瑪斯攻擊以色列隔天，透過社交平臺表達對以色列的支持：

我代表臺灣人民和政府，向所有在哈馬斯襲擊以色列事件中受傷或失去親人的人，以及所有以色列平民表達最深切的哀悼。

我已經指示外交部和駐以色列代表處關注當地情勢的最新發展，確保所有臺灣僑民在當地的安全。

作為一個民主國家，我們反對任何形式的恐怖主義，並譴責對平民的攻擊行為。臺灣將持續和志同道合國家合作，共同打擊威脅和暴力，捍衛自由及民主。

On behalf of the people and government of Taiwan, I express my deepest condolences to all those who have been injured or lost loved ones in Hamas' attack on Israel and Israeli civilians.

I have directed our Ministry of Foreign Affairs and local representative office to stay updated on the latest situation and ensure the safety of any Taiwanese people in the area.

As a democracy, we oppose any and all forms of terrorism and condemn attacks on civilians. Taiwan remains committed to working with like-minded countries to fight threats and violence and to safeguard freedom and democracy.

臺灣和以色列互設代表處，長久以來都有很好的合作以及經貿往來，我認為臺灣政府在第一時間表達對以色列的慰問和支持並無不妥。但顯然政府的考量不僅僅是如此，在地緣衝突緊繃的年代，臺灣和中國大陸的關係，被全世界放大關注，甚至被認為是全球最容易引爆衝突危機的區域之一，臺灣必須找到有力的盟友，讓自己更安心。在和中國沒有任何和平對談或交流的前提下，選擇和美國站在同一邊，這是臺灣能夠做的，似乎也沒有其他選擇。

總也要有人站在哈瑪斯這一邊，而伊朗就是指標。

伊朗最高領導人哈梅尼（Ayatollah Ali Khamenei）在攻擊發生後幾天公開談話，否認伊朗主導這一次行動，不過他也強調，伊朗支持巴勒斯坦，並對策劃這一次對錫安政權發動攻擊的年輕人引以為傲。

伊朗總統萊希（Ebrahim Raisi）也認為，發動攻擊的巴勒斯坦武裝分子，為反抗壓迫樹立了良好典範：

> 他們（巴勒斯坦）的抵抗在這次光榮行動中堪稱典範。這些巴勒斯坦青年的決心彷彿創作出一部史詩鉅作，並證明了也許壓迫一個民族、使人民流離失所、占領他們的土地會持續長久的時間，但這樣的壓迫行為會導致這些人民反抗，他們將忍無可忍。我希望上帝幫助這些戰士們解放他們的土地。
>
> *Their resistance in this glorious operation is exemplary. The determination of the young Palestinians has created a great epic and demonstrated that oppressing a nation, displacing people, and occupying their land may last for a while, but it infuriates the oppressed people, and they are no longer willing to endure the oppression. I hope God helps the fighters in liberating their land.*

哈瑪斯有伊朗的支持，已經吃下一顆定心丸。這並非事後論，伊朗協助哈瑪斯擴大軍事規模，增強武力，早已持續數年。

哈馬斯領袖哈尼雅（Ismail Haniyeh）曾經在接受半島電視臺（Al Jazeera）訪問時表示，哈馬斯已從伊朗獲得七千萬美元的軍事援助。他進一步指出，雖然哈馬斯有本地製造的火箭，但遠程火箭則是從伊朗、敘利亞和其他國家透過埃及進口。來自伊朗的軍事援助不僅讓哈馬斯能夠對以色列發動攻擊，也讓他們在以色列的報復行動中具有一定的抵抗能力。

若以伊朗為首，黎巴嫩、敘利亞也幾乎對伊朗言聽計從。

黎巴嫩真主黨率先攪局，趁亂偷襲以色列北部，當然以色列也立刻還以顏色，雙方你來我往，雖然不是大規模戰爭，但也已經造成數百人死亡，其中以色列的飛彈還誤炸媒體團，導致在以色列和黎巴嫩邊境採訪的一名記者身亡，多人受傷。

▲以色列軍方部署在加薩走廊邊境的鐵穹防空系統。

除了黎巴嫩，敘利亞也不時挑釁。以色列多次宣稱敘利亞有組織以無人機攻擊南部城市，因此派兵空襲敘利亞，美國也以伊朗組織不時偷襲美軍中東基地為由，下令攻擊敘利亞東部的伊朗軍事設備。而遠在阿拉伯半島底端的葉門胡塞組織，竟也有能力發射中程彈道飛彈，朝著以色列的南部攻擊，他們的武器火力從哪裡來的？

中東火藥庫的引線持續延燒，大家都在等，這火藥庫一炸開，受波及的就不會只有中東國家而已。

啟程：瞬間移動的即戰力

要當好一名有作戰能力的國際新聞記者，除了經驗的累積、反應的迅速、能找到關鍵人物，還要有瞬間移動能力，這些都是「即戰力」的重要元素。而我提出的即戰力，就是指隨時隨地可以立即出發到新聞現場採訪的能力。

我們雖然暫時觀望，沒有在哈瑪斯攻擊事件爆發第一天就出發前往以色列，但我早就開始預做準備，就是要讓自己在決定出發的時候能夠在最短時間內啟程。這段時間的工作，就是聯絡以及關注事件發展。

Fixer（在地新聞嚮導）絕對是戰地採訪的最重要關鍵之一。在衝突現場，不能說「好的

Fixer 帶你上天堂」，似乎不太吉利，但經驗豐富的 Fixer，絕對能夠讓記者取得重要且符合新聞元素的報導內容及素材。通常我會找的 Fixer 都有豐富的新聞事件拍攝經驗，而且和國際媒體合作過，尤其是和電視記者共事過的經驗。畢竟電視新聞和平面報導要呈現的方式大不相同，我們需要大量的現場動態畫面，讓觀眾跟著我們的鏡頭一窺事件發生經過和原貌。

這一趟採訪決定的臨時，我雖然已經有了 Fixer 名單，但還沒討論到細節，包括費用和工作時數等。於是在確定要出發後，我請 Fixer 給我報價，他丟了一串文字給我，我瞄一眼覺得冷汗直流，果然是很「以色列的價格」。

> *Rates:*（費用）*Fixer day rate: \$650*（*USD*）*per day, up to 12 hrs day.*（嚮導費用：每日六百五十美金，工時最高十二小時）*Car: \$150 per day + gas, toll.*（租車：每日一百五十美金，油錢另計）*We charge 15% production company fee on top of costs.*（以上總金額外加十五%公司製作費）

我只能複製貼上轉給主管，讓公司知道一旦出發就是這麼昂貴。這還不包含機票、住宿、膳雜或突發狀況可能衍生出來的費用。不過我可以理解戰地的 Fixer 收費昂貴有他的道理，首先，他也得跟著記者出生入死，工作的安全風險十足地高；此外，他還得拿出自己的人脈，讓記者得到豐富的新聞素材。光是生命安全這件事情，我就不會對他們開出來的價碼有任何討價還價，頂多如果我自己覺得貴，我可能就找其他的 Fixer，畢竟每個人對自己的生命價值有不同的認定，不是我們可以隨意貶抑的。

在臺灣，商業電視臺願意長期養一批記者做固定時段的國際新聞專題節目，除了三立的「消失的國界」節目，截至本書出版前，似乎還沒看到第二個。更遑論，要派記者到戰地前線採訪，多數電視臺主管第一考量就是安全問題，再來就是昂貴的費用。

有了公司全力支持，我開始了這一趟戰地採訪行程，也是我在二〇一六年第一次進到以色列、巴勒斯坦採訪之後，重返

▲以色列南部斯德洛特（Sderot）市的大型賣場外，一輛轎車遭到哈瑪斯成員攻擊成廢鐵被棄置於路邊，當地人覆蓋以色列國旗宣誓反擊。在以色列南部加薩邊境城市，多個被哈瑪斯鎖定的社區和小鎮都有類似場景，光從車子損毀程度來看，無法判斷車子主人是否不幸遇害或是大難不死，但對以色列人造成的恐慌壓力已經形成。

以巴衝突之地。

我還記得，決定出發的時間是十月十九日的下午四點多，我開始聯絡熟悉的旅行社幫我訂機票，我自己則是一邊申請以色列的記者證，告知我的攝影夥伴王為璜，放下手邊工作，趕快整理器材和行李，當晚就要出發了。

我和為璜的生日只差三天，分別是十月二十三日和十月二十六日。我們其實都在生日當天安排了計畫，我注意到，為璜在假表上填了四天連假，想必是女朋友要幫他慶生。但事已至此，我只能對他說：到戰場上去過生日吧。

當晚，我們五點訂了飛往杜拜轉機臺拉維夫的單程機票，晚間九點半抵達桃園機場、十一點半登上飛機，中間搞定 Fixer、採訪證申請、駐臺辦事處的聯繫等事務，攝影裝備器材、防彈衣等用品，而次要的住宿地點，到了再說吧。

▲三立採訪團隊在加薩邊境的斯德洛特（Sderot）制高點上拍攝以色列空軍轟炸加薩走廊。

採訪國際突發新聞，得跟時間賽跑，我們踏上的是一個陌生環境，而且只有一組人，最新訊息隨時在發生，得靠著公司同事的強大支援，我們才能在第一線知道背景脈絡，採訪提問時精準到位。在外頭，我們常碰到國際大型新聞通訊社如美聯社、路透社同業，或是像CNN、BBC等在全球享有高知名度的電視臺。這些單位賣的是他們的資源，他們採訪的內容和素材，會賣給全世界電視臺使用，所以他們大量派人到現場毫不猶豫。

就以以色列哈瑪斯戰爭來說，光是CNN，就派出了Anderson Cooper、Clarissard Ward、Erin Burnett、Nic Robertson、Wolf Blitzer、Mathew Chance、Ben Wedeman，都是國際衝突新聞前線的重量級記者，可攻現場、可連線、也可分析觀察，這些是十幾年採

▲斯德洛特（Sderot）制高點的幼兒園，在戰爭期間已經成了國際媒體的採訪據點，除了是空襲警報時的避難小屋，幼兒園頂樓也成了攝影記者觀察加薩走廊的重要地點，遠方的天際線就是加薩走廊裡的城市建築，在一波波的轟炸後，恐怕已經殘破不堪。

訪經驗的累積，內容皆是擲地有聲。有些國際採訪的場合，如果有好幾間臺灣不同電視臺的記者同業，就算嘴上不說，還是會出現彼此競爭的氣氛，當然，除了昭告天下的記者會，能搶先問到獨家訊息、拍到稀有的獨家畫面，都是各憑本事。

我們順利抵達以色列臺拉維夫的本古里安機場（Ben Gurion Airport），通往海關的大面石牆和通道重啟我對以色列的回憶。以色列海關對出入境者的安全檢查相當嚴格，根據二〇一六年造訪的經驗，我們帶著大批攝影器材，曾經被要求所有設備從箱子裡取出，讓安檢人員一一細查。這回，雖然因為戰爭爆發，機場沒有太多旅客，我還是做了長時間安檢的準備，卻不想，我們跟引領排隊的人員自我介紹是來自臺灣的記者，立刻被帶到沒人排隊的櫃

▲以色列戰爭內閣在戰爭期間幾乎每天都有記者會公布對哈瑪斯反擊的進度。記者會地點分布在不同城市，以色列政府也會派出不同層級官員回應國際媒體的提問。照片中這場記者會在斯德洛特（Sderot），我們向外交部官員提問人質營救進度，沒有得到正面回應。

檯，簡單詢問我們的來意後就放行，前後大約不到十分鐘。

我感受到了以色列政府開放外媒進入採訪以哈戰爭的積極和迫切感。只有夠多的國際媒體進入，以色列政府的訴求才能在更多國際場域曝光。但相對的，以色列鎖住了加薩走廊所有能夠進出的關口，以為這麼做，就能單獨詮釋戰爭的樣貌，他們錯了。

風向：以色列與哈瑪斯的媒體戰

以色列不僅在軍力上有絕對優勢，媒體聲量也是如此。十月七日的攻擊事件發生後，全球數千家媒體湧入臺拉維夫，以色列政府幾乎來者不拒，而且在機場簡化入出境通關手續。以色列哈瑪斯戰爭的新聞，鋪天蓋地湧進世界各地民眾的生活中。

哈瑪斯一戰成名，我無法證實這是否就是哈瑪斯的目的，但至少達到了這樣的效果，我身邊過去對中東事務不關心的朋友，現在也知道了哈瑪斯這個組織。但是從戰事爆發以來，風向一直在轉換。

以色列占盡媒體優勢，當哈瑪斯武裝分子衝進以色列屯墾區發動攻擊，我們在西方媒體上看到的，是各種哈瑪斯如何虐殺以色列民眾的訊息和畫面，包括音樂祭會場上人群驚慌失措、四處竄逃的樣子，對觀眾而言都萬般揪心，即便我自己是新聞工作者，都在第一時間感受到哈瑪斯濫殺無辜的殘忍和凶狠。當這個念頭出來的時候，我作為一個觀眾，已經成功被媒體引導了。

我在看新聞的同時發出了對以色列受害者的同情和不捨，這是人之常情，我並不認為有什麼問題。也正因為人性容易同情弱者，所以有許多人想要操作「人性」時，會以退為進，以弱為強。而我隨後意識到自身的問題在於，同情受害者譴責施暴者時，竟沒有在最短時間內思考哈瑪斯攻擊行動的背景和動機，尤其是以色列和巴勒斯坦有著如此複雜的種族、土地、宗教的衝突糾葛。

進到以色列採訪的國際媒體，在申請以色列採訪證之後，會被加進政府的媒體群組。這個群組最多曾經有一千多人，即便我採訪返國，開始寫這本書，已經過了兩個多

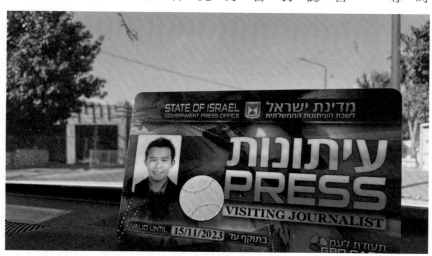

▲以哈戰爭期間以色列的短期採訪證。以色列政府對國際媒體的採訪申請有一套完備系統，送出申請表單後，記者可以先行前往以色列，再到指定地點領取記者證。對於突發事件的採訪申請非常便利，儘管以哈戰爭爆發後，全球上千家媒體湧入以色列，以國政府還是能有效掌握媒體名單以及發稿內容。

月，群組內的人數仍有九百多人。以色列官方每天繼續在這個群組，發送對戰爭進展的回應新聞稿以及照片、影片等。

這個群組很有效率地協助以色列「管理」媒體。到底以色列還算是個民主國家，在其境內採訪，基本上不要朝著敏感建築、單位或是人員拍攝（如國防部、軍營、軍人等，各國皆是如此），還是有非常大的自由空間。好處是老百姓幾乎可以暢所欲言，在我訪問的以色列人中，我沒有聽到任何受訪者對他們的總理納坦雅胡說出好話。不過有些地方，媒體沒有經過申請是進不去的，比如說，加薩邊境遭到哈瑪斯屠村的屯墾社區，在事發之後由以色列國防軍（The Israel Defense Force, IDF）接管，以防再有武裝分子突襲。在這個媒體

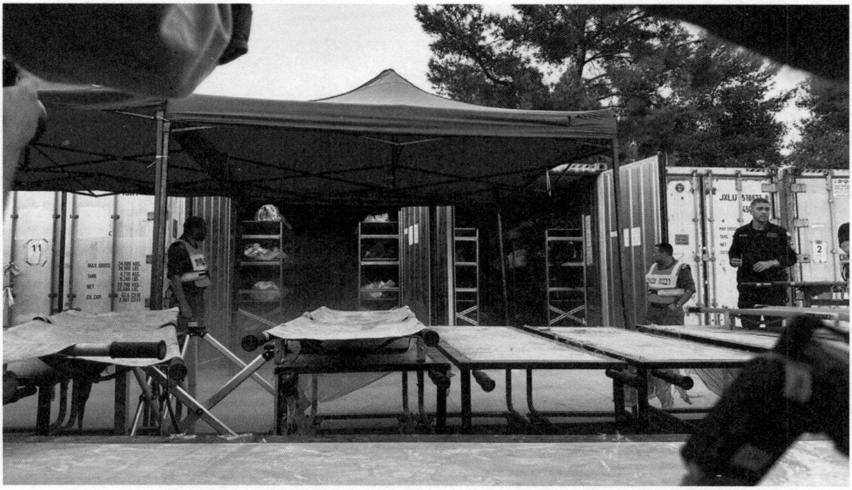

▲以色列軍方對媒體展示存放哈瑪斯攻擊遇害者遺體。以色列政府相當清楚媒體採訪需求，甚至會刻意設定議題讓媒體採訪，把輿論壓力推向哈瑪斯。像是他們提供軍營中驗屍行程讓媒體拍攝，凸顯哈瑪斯的慘無人道，合理化其反擊力道。在戰爭初期，這樣的媒體操作對以色列稍有優勢，但戰事拉長後，以色列攻擊加薩走廊造成的死傷遠大於以色列遇害人數，國際輿論已經轉向。

群組內，以色列軍方會「有計畫地」帶著國際媒體到無法隨意出入的地點採訪，不強迫，採自由報名制。

報名國防軍的採訪團，對媒體有幾個好處，一是更深入事件發生的地點；二則交通已經備妥；更重要的，有軍人全程保護，即使是在加薩邊境，被視為哈瑪斯容易再度入侵的地區，也多了一層維安保障。對以色列政府的好處，則是知道有哪些媒體加入採訪，對於媒體的露出內容更能輕易掌握。不過做為一名曾經多次出入戰地的記者，我早已意識到官方試圖選擇性揭露的真實。

我報名了一場加薩邊境遭襲小鎮的現場拍攝採訪，這個地方叫貝埃里（Be'eri）。上百名居民，男、女、老、幼，在十月七日遭到武裝分子殺害，數十人被綁架成為人質。

▲以色列軍方的媒體行程，帶著國際記者進到被哈瑪斯屠村的地點。照片中的地點為貝埃里（Be'eri）一處社區民宅，屋主遭到殺害，以色列部隊擊退哈瑪斯後在外牆留下「屋內有屍體」文字，提醒部隊人員協助將遺體運往集中地點協助驗屍。

Fixer帶我們到軍方指定的地點等待集合，兩臺載滿國際媒體的大巴士，分別從臺拉維夫和耶路撒冷發車，抵達指定地點後，我們這些零星的媒體就跳上軍方準備的車輛，往貝埃里前進。

常看電視新聞的人會知道，記者在連線採訪、或是主播要說明特殊事件的時候，會拿起珍珠板做的手卡呈現，這是整理過的資訊，讓觀眾更一目了然。以色列官方也有充足的準備，好幾張手卡，放上了貝埃里的地理位置、貼滿罹難者倒趴在地或是躺於血泊中的照片，怵目驚心，這是要讓我們這些記者知道，哈瑪斯武裝分子是如何殘殺手無寸鐵的老百姓，記者們再把這些資訊各自傳回自己的頻道和平臺。

巴士緩緩靠近村莊，窗外有越來越多巡

▲貝埃里（Be'eri）社區倖存者對國際媒體控訴哈瑪斯暴行。遇害者家屬也自願擔起巡邏防衛任務，守護自己的家園。

▲貝埃里社區一處民宅內部，幾乎已經全毀，冰箱上的照片記錄著一家人過去的生活，在2024 年 10 月 7 日的哈瑪斯攻擊發生後，屋主全家都不幸遇害。

邏、駐守的士兵和軍用車輛、武器等，以色列特有的梅卡瓦（Merkava）坦克也在周邊待命。我們最後進入一個已經面目全非的社區，大門被破壞，房舍被炸毀、燒黑，空氣中依稀還可以聞到淡淡的焦味，混雜著屠殺事件發生後無法立刻除去的屍臭味。

進入戰爭現場，這已經不是我的第一次，但每每不捨的是看到房子裡留下來的生活印記。冰箱上貼著的全家出遊照、幼童的鞋子、翻開的課本、疊好的衣物……等，這一次還進到了社區裡的幼兒園，牆上掛著一排笑得燦爛、四或五歲年紀的孩子照片，我在想，這些孩子是平安的嗎？還是被當成人質？或是成了以色列官方新聞稿中的罹難者之一？其中有間屋子外牆上噴漆寫著一串希伯來語，我問了駐守的軍官這文字什麼意思，他說：「上面寫著『裡面還有罹難者屍體，已經用白布蓋住了』，用來提醒清理現場的人員。」

開戰之後，在加薩邊境，砲聲隆隆是常態。我一邊連線，放大音量嘗試仔細地描述我看到的現場，一旁的坦克射擊的聲響，不斷透過我身上別的麥克風，傳進我的報導裡，成了避不開的「自然音」，也加重了戰地帶給觀眾的恐懼感。連線傳回公司，同事們都在擔心我們的安危。的確，現場的風險高，但比起加薩的民眾，我們在以色列軍人的保護下，已經是占盡優勢的一方。

隔兩天，又在群組裡看到了報名的訊息，這回軍方要帶我們進軍營，裡面的工作，是驗屍。

比起貝埃里的那一趟，這次我出現了內心的掙扎，到底要不要報名。主要考量當然是因為官方安排的行程，我們都知道有其「套路」，報導的方向很容易就能預測得出來。但我要說的是，這並不是假新聞，因為是真實場景、真實事件、也是真實訪問。套路就是一場「認知戰」，掌權者選擇性釋放訊息，把議題帶往他們所想要的方向。而我們看到的只是「部分真實」，而非全貌，如果記者沒有意識到這樣的操作，就很容易變成了「帶風向」的工具。掙扎過後，我還是報名了，只是我心裡已經舉起了風向的警告標語。

這一場讓我印象深刻，至今還隱約聞得到當時的氣味。因為報名的媒體人數太多，所以進入軍營的人員安排分成了兩團，我到得早，是第一批。我們一行國際媒體被領到一排冷凍貨櫃前，想必大家已經猜到，貨櫃內放置的就是在攻擊行動中遇害的屍體。

就定位後，負責驗屍的警官、醫師和社工分別發表他們過去幾週密集驗屍的感受。「我們從來沒有見過這種慘況，送來的屍體有女性、有老人、甚至嬰兒。有些被燒得面目全非無法辨識，有些肢體殘破，但我們沒有時間難過，我們必須在最短時間內幫助家屬確認身分，把這些死者還給家人處理後事。」任誰聽了都會難過。最後，軍方打開兩個冷凍櫃讓我們親眼看看這些無辜的罹難者，當厚重的貨櫃門被拉開，大量冷氣湧出，接著冒出白色水汽，最後，身邊的同業們一一開始用手摀住鼻子，或是戴起口罩。

從各項行程的規劃就能知道，以色列軍方接待媒體非常有經驗，他們了解不同媒體屬性的需求，所以每一趟安排，都必定符合各類媒體的特性，不管是平面報紙、電視、廣播或是網路媒體等。

以哈戰爭爆發之初，還有國際媒體嘗試突破封鎖線，至少進到加薩和以色列的交界處，就算從埃及或以色列關口踩進加薩走廊幾百公尺的距離，也某種程度可說自己進入了加薩，但我們都心知肚明並非如此。唯一能夠深入加薩核心地帶的外國媒體，大概就屬半島電視臺了。

卡達王室出資成立的半島電視臺，有阿拉伯語和英語頻道，在世界各地設立外站，影響力遍及全球，尤其是阿語頻道，幾乎成了外界獲取阿拉伯世界訊息的最重要管道，這樣的影響力，也提升了卡達政府的政治實力，主導著中東霸權的轉向。

阿拉伯半島上的沙烏地阿拉伯對半島電視臺就充滿了敵意，理由是半島電視臺不像中東其他大媒體集團，以美化政府形象、宣導政令為主要工作內容，反而揭露了許多內幕消息，也讓中東獨裁國家的反叛軍有發聲機會，這可讓許多中東國家覺得芒

▲以巴邊境高牆上的塗鴉，巴勒斯坦人寫上「不要邊界、不要國家、只要人民」。

背在刺，被攤在陽光下檢視。這樣荒謬的理由只是其一，由於卡達政府的外交政策採取多面討好，不僅與伊朗交好，也與美國等西方國家密切往來，這也就算了，卡達並不排斥接納被西方國家指控為「恐怖組織」的團體領導人在他們國家躲藏或是棲身，例如蓋達組織、阿富汗、當然也包括哈瑪斯。

二〇一七年的卡達外交危機引發阿拉伯半島上的政治風暴，九個國家一起宣布和卡達斷交並將其封鎖，還拿關閉半島電視臺作為解封條件。卡達面積小，但野心可大得很，沒有了周邊國家當朋友，他還有在海外其他地區長期耕耘的盟友。面對沙烏地阿拉伯帶頭的打壓，卡達一點都不害怕，也拒絕讓步，最終的結果我們現在都知道，半島電視臺沒有關，而且影響力更加擴大。二〇二二年卡達舉辦世足賽，

▲以色列國防部外牆，貼滿被哈瑪斯挾持的人質照片，以色列民眾對政府施壓要求以營救人質為首要任務。

儘管壓榨勞工等各種負面傳聞不斷，曾經和卡達斷交的阿拉伯國家最後還是放下「原則」，又重新和卡達建交。

毫不意外地，半島電視臺的報導內容對以色列滿是譴責，各種批評毫不留情面，開戰後不久，就傳出了以色列緊急批准「禁止半島電視臺在以色列境內採訪和播報」，理由是半島電視臺的報導內容「損害國家安全」。

半島電視在加薩走廊也設立了分站，在這一場以哈戰爭中，加薩走廊的內部新聞畫面、百姓遭遇、巴勒斯坦官方（哈瑪斯）的談話等，幾乎都是透過半島電

▲土耳其 TRT 電視臺女記者在斯德洛特（Sderot）準備直播連線。攝影機面對女記者，女記者後方就是加薩走廊。以色列控制加薩走廊的進出檢查哨，在戰爭期間，媒體無法申請進入，只能在邊境遠眺。唯有半島電視臺在加薩走廊內部設有辦公室，但半島電視臺記者對國際控訴，家人在以色列的連番轟炸中喪命。根據總部位於美國的非營利組織「保護記者委員會（Committee to Protect Journalists）」統計，以哈戰爭爆發後，有 77 名記者在這場戰事中殉職，其中有 72 人是巴勒斯坦人，其餘 5 人有 3 人是黎巴嫩記者，2 人是以色列記者。

視臺提供畫面傳到世界各地。和以色列湧入數千家國際媒體比起來，加薩走廊的媒體處境幾乎遭到打壓，媒體工作者更是用生命在拚搏。BBC事實查核中心引用哈瑪斯在二〇二三年十二月十九日公布的數據，戰爭打到當時，已經有九十七名記者死亡。

這些死亡的記者，當然也包含了半島電視臺的成員，有很多是獨立媒體，或是受雇於國際媒體的加薩記者。半島電視臺加薩辦公室主管達杜赫（Wael al-Dahdouh），某天正在直播以色列的空襲轟炸時，他的妻子、兒子、女兒和一名孫子，也在空襲混亂中遇難，他最終只能到堆滿遺體的醫院看著自己摯愛家人最後一眼。

其實，哈瑪斯公布的任何加薩走廊數據，媒體都幾乎無法查證，只能原文引用，因為外媒進不到現場，官方新聞稿和社群媒體上的照片、影片，就成了事件發展的訊息和資料來源，但這也給了一個哈瑪斯機會，操作「人道議題」，讓全世界的責難，轉向落入以色列的頭上。

Telegram 是許多政治敏感國家人民喜歡用的加密通訊軟體，上頭有來自全世界的海量訊息和群組，據說它的設計原理是讓訊息暫存在軟體中，隔一段時間就會消失，而且無法透過數位採證還原，也就是無法追蹤，傳訊者還能加設密碼，總之，它從法律縫隙中順利生存了下來。我們在搜尋各種加薩走廊的即時畫面和訊息，Telegram 也是一個重要的來源。在這些無數個使用阿拉伯文的群組中，一段段加薩走廊內慘絕人寰影片快速流通著，有白布包裹的屍體，在炎熱的天氣中排列在路邊，當然不時搭配著周邊人群的哭喊，看了絕對揪心不捨。但這些看似震撼既具衝擊力道的影片，我們根本不敢直接使用，因為都難以查證是否為此時此刻的加薩。

這些網路影片快速從 Telegram 轉到其他的社群媒體，包括 Whatsapp、X（原 Twitter）、更多的是抖音，散播之快速和使用者反應之激烈，不得不佩服新媒體科技在戰爭時期的便利。但因為資訊的不對稱，傳統新聞媒體無法證實這些網路影片、照片的真實性，會有節制地不去使用，這是我們做為媒

▲以哈戰爭爆發，哈瑪斯在以色列城市挾持超過兩百名不同國籍的人質，以色列透過美國、卡達和埃及與哈瑪斯進行多次協議，但都無法達成停火共識，過程中造成多名人質死亡。以色列國內許多民眾對納坦雅胡政府的強硬態度不滿，上街抗議要求政府以營救人質為優先考量。2024 年 9 月 1 日，以色列軍方公布在加薩走廊找到 6 名人質屍體，引爆以色列國內民眾怒氣，50 萬人走上街頭，納坦雅胡政府壓力遽增。

體人的素養和責任，但對一般社會大眾而言，他們很容易看到影片就相信了，這就是典型的認知戰。

軍火拚不過以色列，但是哈瑪斯的網軍作戰私毫不含糊，並引發了所有巴勒斯坦人以及阿拉伯世界的同理心，戰爭打到後面，儘管以色列單方面不願意停火，但反以的浪潮，已經壓得美國總統拜登、聯合國官員幾乎喘不過氣，頭痛著該如何說服或強制以色列「人道停火」。

烈士：占領區的怒吼

巴勒斯坦的「國土」被以色列從中切割成了兩塊，一邊是加薩走廊（Gaza Strip），另一頭是約旦河西岸（West Bank）。

加薩走廊的西邊緊鄰地中海，南部一小塊接壤埃及，其他東部及北部則是靠著以色列。熟悉中東局勢的人，對加薩走廊並不陌生；但就算不熱衷地緣政治的人，二〇二三年底的這一場以哈戰爭之後，想必對加薩走廊也略知一二，至少知道它是被以色列炸得稀巴爛的人間煉獄。

我在二〇一六年初訪以色列和巴勒斯坦，曾經嘗試著詢問以色列駐臺辦事處是否可協助申請進入加薩走廊採訪，可惜最終得不到以色列軍方的同意。二〇二三年再訪，想都不用想，當時的加薩走廊對於外國人和國際媒體來說，禁止進入。戰爭爆發後，以色列對加薩走廊的封鎖宛如是自家的領土，就連埃及端的拉法（Rafah）關口是否開放人道救援物資進出，都得經過以色列的同意。

對巴勒斯坦人來說，加薩走廊就是關押著超過二百萬名「囚犯」的露天監獄，但是這些囚犯到底犯下了什麼滔天大罪？多數人幾乎一輩子只能守著這一方土地，看著絕美的地中海，卻始終無法跨越到海的另一端。曾經閱讀過幾本關於巴勒斯坦的書籍，是有不少加薩人嘗試突破封鎖，爭取到國外探險的機會，但這可遇不可求，有些人一旦離了這座「牢籠」，可能就是跟家人的永別。也因為許多加薩人一輩子從未出過「國」，無法實際感受天有多高，海有多闊，世界有多寬廣。

若能自得一方天地，與所愛家人共生共存，衣食無缺，這人性最基本、最卑微的需求得以滿足也就算了，偏偏，加薩走廊的兩百多萬人中，有八成以上被登記成難民，難民營的建築雜亂、幾乎毫無章法，只能想方設法往上加蓋，毫無牢固性可言。往往一家人就擠在不大的空間裡生活，許多人工作有一搭沒一搭，多數只能接受聯合國以及國際NGO的救助。

約旦河西岸的巴勒斯坦，同樣遭到以色列封鎖，但比起加薩走廊，生活空間和處境稍稍好一些。西岸全境在內陸，東部和約旦為鄰，其他邊界的另一邊則是以色列。但是和以色列交界的國土邊境，每年都往內縮，因為以色列的「屯墾」計畫，蠶食著這塊本來就不大的西岸土地。

媒體的文字中，我們很習慣地提到「屯墾區」（Settlement）的現況或衝突等等。在一次的演講中，一位聽眾問我：「為什麼你們要說『屯墾區』？那裡明明就不是以色列的土地啊？」這問題問得實在太好，因為我們太過於習慣順從西方媒體的說詞、以至於以色列的用字和翻譯也變得順理成章。以色列稱其為屯墾區，CNN、BBC都這樣用，過去幾十年來好像也沒有什麼不對？甚至我在巴勒斯坦境內訪問的受訪者，有不少也自己提到"Settlement"，於是乎，我根本沒有注意到這個字對應於現實狀況是否適宜。

被問了這個問題之後，我開始思考，也回頭搜尋，是否有人用不同字來形容以色列不斷地把猶太人移入巴勒斯坦邊境，擴張其領土的政策。「占領」（Occupation），不就是這個字嗎？我開始回想到部分巴勒斯坦政府官員，不斷提醒著全世界，以色列的占領土地行動已經違法，但遠在天邊的多數人，卻因為事不關己而往往無動於衷。或許用「占領區」（Occupation Zone）來取代「屯墾區」會更貼切？

曾經進到巴勒斯坦的人，對於街頭巷尾滿滿的照片肯定印象深刻。有些是單張大頭海報，有些是十幾個人物相片集結，中間再放上阿拉法特的照片，懸掛在建築物顯眼之處。這些大型看板或是街邊海報裡的，多數是年輕人，他們都被視為巴勒斯坦烈士，因為和以色列軍人爆發衝突遭到殺害。

以色列和巴勒斯坦的衝突從來沒有停止過。就算沒有像以哈戰爭、或是更早期的六日戰爭等大型戰事引發國際關注和緊張，占領區的零星衝突仍是幾乎週週上演。巴勒斯坦人無時無刻不在思忖著，如何要回自己的國土？巴勒斯坦人明明在自家土地上生活，卻還擔心著入夜後可能有以色列軍人衝進家中，以莫須有的罪名把人抓進牢裡。這樣的情境在西岸城市三不五時發生，擴大了當地兒童心中的陰影。

二〇一六年進到雷馬拉郊區的村莊採訪，一群孩子在路邊玩耍，對電視臺記者而言，這是十足生動的畫面。在我過去的採訪經驗中，公開場所只要不對著特定人拍攝，基本上不會有太多問題，伊斯蘭國家則是要避開女

▲以色列在和巴勒斯坦的邊境築起高牆，在巴勒斯坦這一端，牆上被畫上了許多塗鴉，多是要爭取自由的口號，反擊以色列霸道控制的內容。這面牆上畫了阿拉法特的畫像（رساي عرفات），他被多數巴勒斯坦人視為國父，生前和以色列前總理前訂奧斯陸協議而獲得諾貝爾和平獎，但仍被許多以色列人視為恐怖份子。阿拉法特人生最後是在離開巴勒斯坦赴法國就醫時病逝，但對於他的死因確有諸多質疑，外傳阿拉法特的遺體被驗出高劑量放射性釙，因此被懷疑是遭人毒死，但終究沒有定論。阿拉法特遺體最後送回雷馬拉安葬，現為阿拉法特紀念館。

性。孩子多半對攝影機是好奇的，甚至有不少孩子會主動要求拍他們，然後擺出害羞、可愛的表情或是鬼臉來「取悅鏡頭」。

我們自以為是地把過去的經驗帶進了巴勒斯坦，但我們拿起相機想要拍攝街頭孩子們追逐和開朗的笑聲時，有人意識到了怎麼有臺攝影機出現準備拍他們，原本打鬧在一起的孩子們一哄而散，全都擠到了屋簷下或路邊，或是躲到了攝影機後方。這不尋常，我驚覺自己是否幹了什麼蠢事？忘了問問當地的文化習慣，怎麼孩子見到攝影機像是見到仇人一般，甚至有個男孩衝上來想要打掉我們的機器。

我請我的夥伴先停停，把攝影機放下。我再向路邊的「大人」詢問，為什麼孩子們會有這樣的反應？原來，我們抵達的前兩晚，村子裡面有戶人家被以色列軍人破門而入，男主人被帶走了，理由不清楚，總之就是以色列人認為他違反了以色列的規定。孩子們長年下來，看到鏡頭會怕，他們擔心自己的樣子會被拍下來，交給以色列，某一天晚上就被抓走了。

以哈戰爭爆發後，我第二次進入西岸，我的嚮導告訴我，有許多住在西岸的巴勒斯坦人在社群媒體上發文聲援巴勒斯坦，譴責以色列，結果有許多人被以色列軍方抓走，下落不明。現在就連各大社群媒體，都已經成了以色列的「領地」，出言不遜，就可能遭罪入獄。二〇一六年到二〇二三年，七年過去了，類似的事件重複在這塊土地上發生，巴勒斯坦人還能有多少期待？

巴勒斯坦境內，有不少組織會發起固定的抗爭行動，不大，就幾十個到近百人參加。我加入了其中一場。我們被帶到以色列占領區軍人哨站附近，但其實以色列軍人是機動巡邏，我們的採訪車一度被攔下臨檢。以軍的悍馬車看起來厚實堅固，和我們搭乘的當地人破舊轎車差異甚大。以軍下車配帶著槍枝，要求我們拿出身分證明文件。經常出差我們可以理解這狀況，就是趕快確認身分離開就是。但載著我們的巴勒斯坦人可不是，提高音量和以色列軍人開始爭執，我實在聽不懂他們在吵什麼，但我知道再不制止，我們可能就會遭殃。於是我告訴他，我們可以被檢查沒關係，拿出護照，以軍確認我們是臺灣來的，沒有多說便放行。臨走前我們的嚮導還用阿拉伯文再罵了一回，我坐在前座，冷汗直流。

▲約旦河西岸以色列屯墾區，邊境有大批以色列軍隊固定巡邏，巴勒斯坦民眾也經常在以巴邊境抗議。但抗議的巴勒斯坦人通常只能以石頭、棍棒、或是燃燒輪胎雜物做為挑釁之舉，以色列軍人確有殺傷力極強的槍枝或催淚彈用以驅散抗議群眾。在以哈戰爭爆發後，約旦河西岸因抗議以色列轟炸而遭到擊殺的巴勒斯坦人超過 500 人，不過也有 24 名以色列人死於衝突。

到了抗爭場地，已經有許多人聚集。高舉巴勒斯坦大旗的、頭戴防毒面具的、手拿棍棒的、也有什麼都沒有勇敢參加的。年紀有大有小，有乘坐輪椅的身障人士、也有外國NGO團體、還有一位滿頭白髮年紀約莫七十幾歲的以色列老先生。他告訴我們：「我並不認同以色列的侵占，巴勒斯坦應該要有自己的領土，我們必須尊重。只要他們（以色列軍人）不打死我，我就會繼續參加抗爭。」老先生邊說這段話的時候，眼淚直流，不是因為傷心或感慨，而是以軍發射的催淚瓦斯，已經瀰漫在我們的四周。

這群人面對的，是將近七、八百公尺外的以色列軍人。揮舞著旗幟，作勢往前衝，有人丟石頭、部分丟棍棒，但我在現場看得很清楚，臂力再怎麼強，都根本打不到對方。不過以色列軍可不同了，催淚彈連發，讓我們嗆得一把眼淚一把鼻涕，咳嗽聲沒有間斷，吸進催淚瓦斯的我和攝影，幾乎無法呼吸，只能想辦法退至草叢邊，一方面保護自己安全，一方面還能繼續拍攝。

這一場算是幸運的，待命的救護車沒有發動，抗爭者除了被嗆得不舒服，並沒有生命危險。

七年後我再度進到了巴勒斯坦境內，以色列占領區的抗爭現場。人潮從市區集結，先是近千人的抗議遊行，要求以色列停止對加薩走廊的空襲轟炸，要求全世界、聯合國關注加薩的人道危機，更要求巴勒斯坦西岸政府硬起來，應該對以色列正面反擊。

「我譴責我們的政府，我罵巴勒斯坦人，我痛恨我們自己，為什麼這麼軟弱。」一名走上街頭的婦女，對著我們的鏡頭扯開喉嚨喊著。

我不確定我是否理解巴勒斯坦人的痛徹心扉，看著自己的同胞在被分割的另一塊土地上，遭到無情地轟炸毀滅。在臺灣，我這一代從沒有戰爭的生活經驗，一般人可能無法想像，如果在臺灣本島，看著某個國家轟炸臺灣的外島，甚或是自己所居住的鄰近縣市，而政府卻無能為力、國際社會無法介入，這會有多驚恐無助。這幾年，我走了大小戰地採訪，才讓我看到了戰爭的無情和恐怖。

加薩和約旦河西岸，雖然都說是巴勒斯坦，但實質掌權的組織卻不同。二〇〇六年哈瑪斯在巴勒斯坦的選舉中勝出，正式在加薩執政，和哈瑪斯不合的法塔赫退守約旦河西岸。就立場而言，哈瑪斯普遍被視為激進派，要建立以巴勒斯坦為主體的伊斯蘭國家，但其極端手法無法被西方世界認同，因而被許多國家界定為恐怖組織，以哈戰爭爆發後更是如此。

我在西岸城市的抗議遊行人群中，找到了法塔赫政府的其中一位發言人阿布戴爾（Abdel Fattah Dawla），我們現自我介紹表明來意，希望透過報導讓觀眾聽到巴勒斯坦的聲音，他幾乎沒有猶豫地答應接受採訪，唯獨一個條件，就是他只用阿拉伯文回答。

「你認為以巴現在的衝突是什麼原因造成的？」

「這場戰爭已經持續了七十五年，從一九四八年開始，以色列占領勢力一直在對我們的巴勒斯坦人民犯下罪行。一年前，占領區成立了一個極右派政府，由納坦雅胡領導，他們宣布了一個被稱為解決方案的計畫，旨在終結巴勒斯坦問題。他們表示要把巴勒斯坦人民放在三個選擇面前：屈服、離開或死亡。巴勒斯坦人民既沒有屈服也沒有離開他們的國家，接下來以色列就開始殺害巴勒斯坦人。」

「你認為世界各國對這場衝突的反應，對巴勒斯坦有什麼樣的影響？」

「今天國際社會必須追究以色列的占領行為，包括以色列對巴勒斯坦人民犯下的罪行並且承擔責任。今天，人類站在一個重要的十字路口上，必須好好決定自己的道路。人道危機因為以色列對巴勒斯坦人的大屠殺而產生。國際組織必須承擔其保護巴勒斯坦人民並提供緊急人道和醫療援助的責任。因為加薩已經變成了一個災區。世界必須向以色列的占領勢力、美國以及支持以色列攻擊巴勒斯坦的國家施加壓力，以停止這場戰爭。」

「法塔赫對哈瑪斯又有什麼呼籲呢？」

「在加薩內部很難有溝通管道，但在西岸我們有順暢的溝通。我們有一個國家和伊斯蘭權力委員會，哈馬斯是其中的一個團體。我們都同意在所有活動中團結在一起，以實現國家的統一，不僅僅是國家統一，還有政治立場上的統一，以便我們可以在這場有利於巴勒斯坦建國的血腥戰鬥中獲得成果。」

巴勒斯坦國難當前，死對頭的法塔赫和哈瑪斯，只能槍口一致對外。我在遊行現場也注意到了，過往勢力只分布在加薩走廊的哈瑪斯，已經擴散進了西岸城市。塞滿街頭的抗議人群，有許多人舉著全綠色的旗子，頭綁綠色頭巾，都是代表哈瑪斯的符號和顏色。其中有不少是十幾歲的青少年和女性，他們已經顧不得有攝影機在拍，邊走邊吶喊著：「哈瑪斯為巴勒斯坦出了氣！」

遊行的終點就在巴勒斯坦和以色列交界的占領區關口，雖然人數已經減少許多，但氣氛仍然熱絡。眼前幾位年輕人，點火燒輪胎，製造出黑煙，目的是不讓遠方的以色列狙擊手能夠瞄準抗議人群，雙方間隔至少七、八百公尺遠，巴勒斯坦人用怒吼、揮舞旗幟、和丟擲石塊等行為表達對以色列攻擊加薩的不滿。一旁有好幾臺救護車待命，醫護人員也嚴陣以待，因為從十月七日戰爭爆發以來，非主戰場的西岸城市也已經有數十人因為抗爭行動而喪命。

我們採訪當天，兩名黑衣年輕男子跳上路邊的鐵皮貨櫃，朝著遠方的以色列軍人挑釁，我目視距離，絕對無法對以色列軍人造成威脅。突然間，兩人跳下了貨櫃，救護人員一擁而上，抓住其中一名黑衣男子，送上救護車快速離開。我問嚮導發生了什麼事，他說這男子被狙擊槍射中了。採訪結束後回到飯店我再問嚮導，這名受傷的男子傷勢如何？嚮導回我：他死了。

巴勒斯坦又多了一名烈士。

封鎖：雷馬拉的科技突圍

二訪雷馬拉，嚮導先帶我們繞了一圈「曼德拉廣場」（Mandela Square），這裡是一塊小空地，佇立著高達二十英尺的巨型前南非總統曼德拉雕像。這是南非約翰尼斯堡送給巴勒斯坦的禮物，象徵著爭取自由與打破隔離。

巴勒斯坦當局引用曼德拉曾經說過的話：「如果巴勒斯坦沒有自由，我們的自由就不完整。」

就因為曼德拉曾經力挺巴勒斯坦，讓南非和巴勒斯坦建立起深厚情誼，在以色列連續空襲加薩之際，全世界也只有南非採取實質行動，一狀告上國際法庭，控訴以色列在加薩走廊犯下種族滅絕罪。這對巴勒斯坦絕對是暖心之舉。

▲約旦河西岸巴勒斯坦政治經濟中心雷馬拉，也被視為是巴勒斯坦首都。市中心的阿爾馬納拉廣場（al-Manara Square）是重要地標，也是巴勒斯坦民眾遊行集會的聚集地。圓環中心的五隻獅子雕像，代表著居住在雷馬拉最早的五個家族，分別為易卜拉欣（Ibrahim）、傑裡亞斯（Jerias）、什蓋爾（Shqair）、哈桑（Hassan）和哈達德（Haddad），在當地的傳統意義上也象徵著勇敢、權力和驕傲。在巴勒斯坦，多數人並不喜歡美國，因為美國政府長年支持以色列，但細看照片，小小圓環周邊確有相當多美國元素。包括左側建築的招牌，有間咖啡廳取名“Stars & Bucks Cafe”，並且以綠色當主色調，讓人想起星巴克。右邊建築二樓的新娘服飾店，店名取為“Hollywood”，對當地人而言或許就多了異國情調；同一棟大樓的頂樓，就是半島電視台位於約旦河西岸的總部，外頭還掛有半島電視台的LOGO。被限居在這塊土地上的人們，想要出國，只能先從陸路進到約旦，再飛往世界各地。

兩次進入約旦河西岸，我用了不同的方式。第一次我找了以色列司機，他們只能載我們到邊境關口。下車後一面巨型紅底白字告示牌就硬生生立在眼前。

「此路通往巴勒斯坦控制的『A』區，以色列公民禁止進入，會危害你的生命安全，亦違反以色列法律」

根據一九九三年的奧斯陸協議（Oslo Accords），巴勒斯坦自治政府將土地分成ABC三個級別。A區，由巴勒斯坦政府完全掌控；B區亦由巴勒斯坦自治政府治理，但是得受以色列軍方安全管轄；C區則由以色列政府和軍方控制，也就是許多人稱的「屯墾區」，本書認為的「占領區」。儘管有這樣的劃分，但以色列軍方根本無視，隨意都能拿個理由進入A區，搜索民宅。

外國人要出入關口相對容易，我們第一次是「走」進巴勒斯坦，在以色列這一邊完全沒有人查驗證件，我們就很順利地入境巴勒斯坦。但是回程，則需要查驗護照，畢竟要進入的是以色列的領土。手持臺灣護照的我們並沒有受到刁難。

第二回，是「搭車」進入巴勒斯坦。我們請了一位阿拉伯裔的司機，他住在東耶路撒冷。因為有特殊車牌，又是阿拉伯人，所以車子就能往返以色列和巴勒斯坦之間。車子和緩地開在平坦公路上，我們進入了耶路撒冷，兩邊是灰白山景，稍遠一點有社區聚落建築散落，司機指著兩側的房子說：「這兩邊就是巴勒斯坦，但我們是開在以色列土地上，這多麼諷刺。這兩邊有家人的，他們平常根本無法見面，這是什麼世界？」

以色列和巴勒斯坦間的高牆世界聞名，大概是萬里長城之後的第二座綿延數百公里的城牆，用來隔絕外族的入侵，對以色列人來說，築牆就是防止巴勒斯坦人的進攻。被以色列當成洪水猛獸的巴勒斯坦，尚無能力靠著自己的力量把牆推倒，只能在牆上塗鴉，用各種政治漫畫和標語咒罵以色列。承平時期，這些建築在仇恨上的高牆，倒是成了外國遊客或網紅們到此一遊的打卡景點。

住在西岸的巴勒斯坦人，如果想要搭機「出國」，只能走陸路到約旦，再轉到其他國家，這樣的走法得通過三道安檢程序，一是巴勒斯坦、二是以色列、最後則是約旦，如果都順利，才能進到安曼機場飛向世界。我不確定和加薩比起來，西岸

▲巴勒斯坦抗議隊伍走到屯墾區的檢查哨，開始焚燒輪胎和塑膠瓶，朝著遠方的以色列部隊揮舞旗幟、丟擲石塊等表達對以色列空襲加薩的抗議，不過以色列部隊距離抗議民眾至少一公里遠。現場有好幾輛救護車待命，在這場行動中，有兩名年輕的巴勒斯坦抗議者遭到以色列部隊開槍擊中，其中一人傷勢嚴重送醫不治，成了殉難者，也是巴勒斯坦人口中的烈士。

有沒有「比較好」，據說在加薩，有不少人是透過地道通往埃及，逃出宛如被以色列監禁的牢籠。

二〇一六年，我曾經在雷馬拉採訪過幾間網路科技公司，讓人印象深刻。偌大的辦公室放滿了辦公桌椅，但人沒坐滿，幾臺電腦在桌上。我看著螢幕上的一格一格圖像畫面，非常好奇，原來那些照片是電影劇照，這間公司正在創造一個網路平臺，消費者只要在網站上註冊付費，就能選擇自己想要看的電影或是影集。這不就是現在最流行的 OTT 影音串流平臺嗎？

網路的流行沒有高牆，只要有受過教育的人才，幾乎就能打破藩籬，創造出活下去的生機。於是網路新創公司在雷馬拉成了巴勒斯坦的重要突圍基地。

▲巴勒斯坦雷瑪拉抗議群眾從市區走向屯墾區檢查哨，過程中抗議民眾謹守秩序，大喊口號，但 Fixer 仍要求我們穿上防彈衣。

「巴勒斯坦沒有掌控港口，全是以色列掌管，所以當我們要進出口貨物，面臨很多困難，因為牽扯到以色列人說的安全檢測。」資訊科技公司執行長 Ibrahim 告訴我。「很重要的是，巴勒斯坦人的教育程度頗高，很多人對科技是嚮往的。」

「訂貨要等兩個月以色列核准，我們才能下訂，兩個月之後，也許核准，也許駁回，我們根本無法掌控。」軟體工程師 Mahdi 接著說。

巴勒斯坦西岸城市的高等教育發達，即使被以色列

▲採訪結束後，Fixer 幫我們在阿爾馬納拉廣場合影。採訪團隊此行進入雷馬拉拍攝抗議人潮，本擔心人多容易情緒失控，但是整個過程有警方、也有民間組織維持秩序，帶領群眾從市區圓環走到屯墾區檢查哨，在市區的抗議秩序相當好，抗議以色列的人群年紀範圍差距極大，有十歲出頭學童，也有六七十歲以上長者。照片後方可看到巴勒斯坦警方車輛仍停在路邊，遊行過後，人潮皆各自散去。

包圍、限制出入，他們並不坐困愁城，透過教育讓年輕人激發更多創意，也利用網路科技與外界聯繫，為巴勒斯坦續命，創造新的經濟動能。

「網路就是網路，只要能夠連結上，就能透過網路來傳送商品，這就是軟體的好處，這跟硬體是相反的，因為要運輸人員或貨物是比較困難的」美國籍巴勒斯坦裔的網路公司創辦人Tareq，帶著資金回到巴勒斯坦，為當地年輕人創造工作機會。「我認為這是個責任，也必須要提供大學畢業生工作機會，這對巴勒斯坦非常重要，我估計大概在未來十到十五年，還需要八十萬個工作機會，來維持現在的就業水準。」

不管在哪個國家，每個人都值得擁有

▲ 2016 年作者赴雷瑪拉採訪，邊境屯墾區也有零星的抗爭活動。照片中的以色列長者，長年與巴勒斯坦民眾站在一起，要求以色列部隊退出屯墾區，在這一場抗爭活動中，巴勒斯坦民眾丟擲石塊、棍棒、揮舞大旗，各種挑釁都無法靠進以色列部隊，對方發射多枚催淚瓦斯，意圖把抗議人潮逼退。我們在採訪中也受催淚瓦斯影響，眼淚鼻涕直流。老先生看起來早有準備，帶著防護面罩減少傷害。

自己的夢想，當是當一個人或是一群人的夢想是消滅另一群人的時候，戰爭和衝突就將實現。為什麼會有這樣的夢想？可能得靠著社會學家或是心理學家去尋找答案，或是神在創造人類，給予應許之地的時候，就已經植入了祂的方程式，打贏了，才能獲得應許。

綁架：以巴的政治算計

以哈戰爭爆發之後，以色列官方至始至終都強調，他們要消滅哈瑪斯，否則不會停止對加薩的攻擊。不得不佩服以色列的說話算話，本書行文至此，距離十月七日正好四個月，以色列還沒停火。

本就是極右派的納坦雅胡，靠著和更極端右翼的宗教政黨合作，在一百二十個席次的國會掌握了過半的六十四席，在二〇二一年短暫卸任總理後又旋即復位。納坦雅胡本身所屬的以色列聯合黨（Likud）就有三十二席，雖然只占了總席次的四分之一，但已經是國會最大黨。

納坦雅胡在一九九六年首次當上以色列總理。一九九五年以色列前總理拉賓遇刺身亡，繼任的佩雷斯無法對哈瑪斯接連發動的武裝攻擊有所應對，支持度大幅下滑，因此在一九九六年的選舉中讓納坦雅胡順利出線。不過只當了一任，就在一九九九年的選舉中敗陣，短暫退出政壇。沉潛是為了等待時機，納坦雅胡等到了二〇〇一年，以色列聯合黨再度執政，重返政壇，陸續擔任過外交部長、財政部長、以色列聯合黨黨魁。二〇〇九年的選舉再把他推上總理大位，自此十幾年來，以色列就是納坦雅胡的天下。

納坦雅胡本就是主戰派，從頭到尾反對巴勒斯坦建國，他從沒有害怕對巴勒斯坦發動攻擊，甚至在二〇一八年兼任國防部長。不過，納坦雅胡的政治操守可不像他的右派立場如此堅定，他遭到一連串受賄、政商勾結、與媒體掛勾等指控，也成了以色列史上第一位被指控犯罪的總理。

納坦雅胡二〇二二年重掌政權後，與他們右翼盟友們開始對ＬＧＢＴ族群打壓，力挺種族主義，並且和巴勒斯坦的衝突急速升溫，把以色列的光譜更推向極端，此舉無疑讓以色列的老百姓們都得共同承擔嚴重的戰爭風險。民間早就掀起一波推倒納坦雅胡的聲浪，由ＬＧＢＴ族群發起，但勢力無法快速擴張。

「你對你們的總理納坦雅胡有什麼樣的看法？」一樣的問題，我分別問了我的嚮導和幾位受訪者。

「我不知道別人怎麼想，但納坦雅胡就是個騙子，是個會耍手段的人，他害怕被定罪關進牢裡，所以用賄賂的手段又當上了總理。」一位年紀將近八旬的老先生語調平和地說著。

「他就是婊子、混蛋，是個非常邪惡的人。」另一名自稱曾經在加薩走廊當過警察的老先生帶點情緒地回我。

「我覺得他不是個好人，他騙了非常多人，沒有很好的操守。但是納坦雅胡不是我們現在首要的目標，我們應該要先消滅哈瑪斯。」我的嚮導這樣告訴我。

二〇二三年十月七日的哈瑪斯攻擊，給了納坦雅胡絕佳的機會和理由。全世界都知道以色列猶太人從小被教育團結愛國，在國家遭受攻擊的時候派上了用場。短短三天，集結了超過三十萬後備軍人，放下手邊的工作，穿上軍服扛起武器，準備反擊敵人。旅居海外的以色列人也都主動購買機票返國，當幾乎全球商業航班都暫停飛往以色列時，只有以色列航空加開班機，要載著英勇的以色列人返國投入戰鬥。

納坦雅胡政府也在衝突爆發後宣布成立戰時內閣，意味著很多決策不需要走平時的程序就能頒布，這場衝突讓納坦雅胡有了更大的權力，讓以色列老百姓們暫時忘記了他們對納坦雅胡的不信任和厭惡，因為他們有更大的共同敵人出現了。

納坦雅胡密集地出現在國際媒體版面上，這是必然的，但他顯然很享受各國元首紛紛前往臺拉維夫表達對以色列的支持，他選擇性地忽略伊斯蘭世界的抗爭，在他眼裡這群人本就不該存在。以色列在衝突中死了一千多人，包括平民、軍人和外國人，最初還有兩百多名人質在哈瑪斯手中。

民間要求以色列政府先救人質的聲音越來越大，我在以色列期間，開始有人要求以色列政府用哈瑪斯囚犯換人質，先保人質的生命安全。在以色列國防軍對外的新聞稿中，也不斷要求哈瑪斯釋放人質，否則將加強攻擊力道。但是我以色列官方的國際記者會上問了，卻得到了四兩撥千金的回答。

「我很想知道以色列政府是否參與和哈瑪斯的談判，為了有效營救人質？」

「你唯一該注意的是，昨天總理辦公室發出的聲明，以色列將不會參與人質選擇的過程。以色列從來沒有證實、或說過、或暗示，正在跟哈瑪斯談判。」以色列外交部公共外交副司長艾曼紐爾・納遜（Emmanuel Nahshon）回答我。

在所有人質釋放的過程中，直接參與談判的就是卡達和美國，納坦雅胡真的希望人質都被救回來嗎？我在自己心中打個問號，如果沒有人質當籌碼，他如何持續威脅哈瑪斯，又要如何擴大進攻規模？從以色列無差別的轟炸來看，如果炸死了人質，他們肯定也會推給哈瑪斯吧。

納坦雅胡為了延續政治生命，綁架了以色列人的愛國心，擴大了自己的政治權力，即使衝進戰場的以色列士兵們都是心甘情願，但卻是納坦雅胡創造出來的戰場。

只要觀察戰爭，我的立場永遠站在老百姓的這一邊，別以為我批評以色列，就是挺哈瑪斯。在以哈戰爭這一局，哈瑪斯難道沒有他們的政治目的嗎？

以哈戰爭打了四個月，以色列還在追捕哈瑪斯首腦辛瓦（Yahya Sinwar）。但也有不少哈瑪斯的領導階層，躲在其他國家隔空運作。就像前述所說，卡達就是許多極端組織選擇落腳的地方，因為卡達政府不會趕他們。

這些領導人有地方可以躲，那老百姓呢？根據聯合國近東巴勒斯坦難民救濟工作署

（UNRWA）的列表，在加薩走廊的難民營有八處，登記為難民的人數超過百萬。這些難民營的出現，最早是在一九四八年以色列建國後，許多巴勒斯坦人逃離原始居處，逃進了加薩走廊暫居，原以為戰爭過了能夠返家，卻從此再也離不開。

加薩境內難民多到數不清，有許多人為了餬口飯吃，選擇加入哈瑪斯，從事極端武裝工作。哈瑪斯的滲透力強大，外界根本很難明確掌握到底誰是哈瑪斯成員，也正因為加薩走廊內的資源幾乎都掌握在哈瑪斯手中，才讓哈瑪斯能夠持續運作。

哈瑪斯必須維持加薩走廊的窮困和「沒有希望」，如此一來，NGO的資源才會源源不絕湧入，他們還得隨時提醒當地人，自己的房子被以色列人搶走，國家被猶太人搞得支離破碎。哈瑪斯或許沒有說謊，但卻不斷加大仇恨值。哈瑪斯不讓老百姓安居樂業，必須等待哈瑪斯分配資源，如此才能讓地位穩固。

哈瑪斯從二〇〇六年透過選舉取得加薩走廊的合法執政權以來，加薩走廊便越發窮困和落魄，老百姓卻不覺得是哈瑪斯的問題，因為一切都是以色列的壓迫。哈瑪斯發動無數次攻擊，或許殺死了少數以色列人，但卻引來更大的抱負和巴勒斯坦人的死傷，一來一往，哈瑪斯為了巴勒斯坦發聲，以色列卻罔顧人道精神進行屠殺。

相較於以色列用愛國主義團結猶太人，哈瑪斯卻擅長對國際社會操作人道主義。他們看準了同情心的威力，足以大到吸引全球目光，以哈戰爭這一次真的很成功。無辜的加薩老百姓，本就難以遮風擋雨的家、難民營帳篷，因為哈瑪斯的操作，原地成為戰場，化為以色列投擲炸彈的標的。

哈瑪斯在這一場戰爭中獲取前所未有的關注，甚至後來壓力倒向以色列，要求「人道停火」。先不管以色列是否同意，哈瑪斯已經達到了他的政治目的，他成功地讓自己變成全球焦點，就算被冠上「恐怖組織」，他們無所畏懼，因為多數巴勒斯坦人站出來力挺哈瑪斯，就連約旦河西岸也是如此，原來在西岸執政的法塔赫，幾乎遭到巴勒斯坦人無視，甚至被認為軟弱不堪。

以色列口口聲聲要消滅哈瑪斯，這時候的哈瑪斯已經不再只是一個實體的政治組織，更提升境界成為精神象徵。就像是伊斯蘭國（ISIS）在鼎盛時期，全世界各地的恐怖攻擊，紛紛宣稱自己效忠ＩＳＩＳ，要如何有效殲滅呢？武力絕對不是唯一、更不是最好途徑。

遺憾的是，納坦雅胡和哈瑪斯對平民老百姓的政治綁架，似乎還看不到盡頭。就算沒了納坦雅胡，哈瑪斯也真的消失了，以巴之間的國仇家恨，可能還是會有另外一組人馬接手，持續對抗。

國際重大事件的發生，不會平白無故，哈瑪斯發動籌備已久的攻擊，擾動中東局勢，讓全球地緣衝突繼烏俄戰爭之後再添一樁，除了伊朗默許之外，我認為二〇二一年八月，塔利班趁著美軍準備撤軍之際，兩週奪回阿富汗政權，可能觸發了地域衝突的蝴蝶效應。

第二章　塔利班之國——阿富汗

Afghanistan

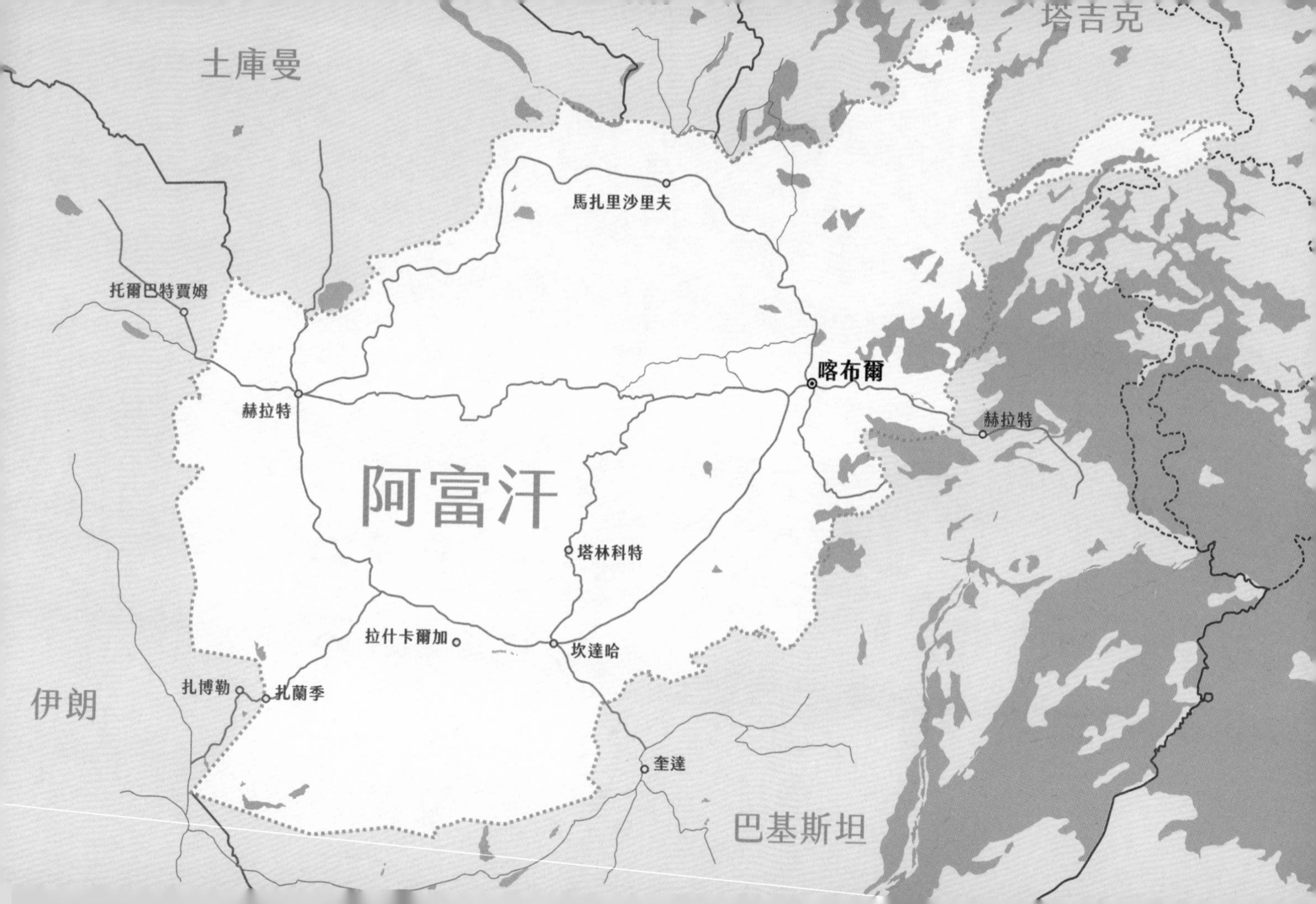
塔吉克
土庫曼
馬扎里沙里夫
托爾巴特賈姆
赫拉特
喀布爾
赫拉特
阿富汗
塔林科特
拉什卡爾加
坎達哈
扎博勒
扎蘭季
伊朗
奎達
巴基斯坦

睽違二十年，塔利班二〇二一年班師回朝，從地方包圍中央，重新奪下阿富汗的統治權。美軍和北約準備退場，阿富汗政府的安全部隊作戰能力薄弱，塔利班早就有計畫地開始占領各省分的重要縣市。

阿富汗戰爭，美國打了二十年，導火線當然是對二〇〇一年九一一恐怖攻擊事件的報復。以美國為首的西方盟軍認為塔利班援助蓋達組織並協助賓拉登躲藏，在二〇〇一年十月大舉進攻阿富汗，十一月就把塔利班打回阿富汗南部坎達哈周圍。塔利班潰散，失去統治權，美國扶持親美的阿富汗政府掌權二十年。二〇一一年五月，賓拉登在巴基斯坦的豪宅內遭美軍擊斃，美軍和北約逐漸將境內的作戰任務交給阿富汗的安全部隊。留下的美軍以執行空襲任務為主，北約部隊成員則是協助訓練阿富汗軍隊。

一九七九年底，蘇聯入侵阿富汗，冷戰時期的蘇美對抗，也在這塊土地上進行。塔利班（طالبان, Taliban），普什圖語中的「宗教學生」，集結成群反抗蘇聯對阿富汗的占領統治，期間獲得了美國的各項援助，逐漸壯大。賓拉登也是在這一段時間，藉由巴基斯坦和美國連上線，接受美國的軍事訓練和資源，本來的目的是要把蘇聯趕出阿富汗，沒想到最後都成了美國的心腹大患。

美國從來不承認自己在中東或是伊斯蘭世界的政策失敗，他們以扳倒西方世界認定的「獨裁者」或是「恐怖組織」為傲，但是卻從未有全盤計畫，失去獨裁者之後的國家就全面自由解放了？

扶持親美政權的下場又是如何呢？

旋風：二週打下的江山

喀布爾機場的停機坪擠進了成千上萬的群眾，但多數人根本沒有辦法離開，有些人乾脆直接跳上機身，異想天開地以為可以跟著撤離班機一起離開。終究，當飛機起飛，這些人都被甩了下來，成了國際新聞畫面，而地面上的人不管怎麼追，都追不上離他們遠去的夢想。

二〇二一年八月，塔利班用兩週的時間就攻下阿富汗首都喀布爾，親美派的前阿富汗總統阿什拉夫・甘尼（Ashraf Ghani）倉促逃亡，他事後接受外媒專訪時表示，八月十五日當天，國防部長告訴他已經守不住，必須離開，他只用了兩分鐘做決定，最後上了不知道開往哪裡去的直升機，最後才落腳阿拉伯聯合大公國。

至今，甘尼仍然飽受批評，為了個人利益丟下阿富汗老百姓不管，甚至夾帶數百萬美金潛逃，但甘尼在受訪時也反駁：「我沒有帶任何錢離開，這是虛假且錯誤的宣傳。」甘尼認為自己遭到俄羅斯刻意抹黑攻擊，但不論他如何解釋，已經無法扭轉全世界對他在危急關頭棄國逃亡的人設印象。

CNN訪問甘尼，問他還會回阿富汗嗎？「我希望如此，阿富汗是我的家。」甘尼說。但我抱持懷疑的態度。

這就是戰爭，留下來被砲火無情摧殘的永遠是老百姓，位居高位者，擁有最多資源和政治特權，總有各種不能死的理由。撇開身分地位，都是人命一條，又有誰是該被丟進無盡深淵的戰火中呢？這個世界絕對不是公平的。

在美軍撤離，塔利班入主喀布爾前數月，阿富汗國內就已經有多起交火，主要是當時的阿富汗政府軍和塔利班的衝突，尤其是從南部的坎達哈到西部的赫拉特，政府軍沒了西方聯軍的奧援，根本不敵塔利班的游擊攻勢。

我曾經和阿富汗國際NGO的管理幹部Wilson（化名）聊天，在二〇二一年初，南部城市已經「打成一片」，他們的扶弱

▲美國撤軍後，喀布爾的美國大使館閒置，圍牆被畫上塔利班旗，宣示戰勝美國。使館外穿著美軍迷彩服的塔利班士兵安檢往來車輛，相當諷刺。塔利班士兵沒有制服，大多以傳統服飾為主。

行動駐紮在一處當地的醫院裡。作為中立組織，他們必須兩面交好，但有時候也相當為難。一日，前阿富汗的安全部隊人員來到醫院討茶喝，坐在門口休息，這位幹部看了冷汗直流，走前去好意地跟這些政府軍人說是否能到其他地方休息，但交涉還沒個結果，就被塔利班盯上，朝著醫院開火，場面頓時陷入混亂。當次的交火雖然讓醫院雪上加霜地亂了一陣，但沒有無辜病人或百姓死亡，已經是萬幸。

不過在阿富汗境內的國際組織，要面對的可不只是政府軍和塔利班的火線。恐怖攻擊在阿富汗也時有所聞，但通常不見於國際媒體。塔利班奪回政權前不久，在喀布爾北部小城市的醫院，突然被恐怖組織ISIS-K（Islamic State Khorasan）攻

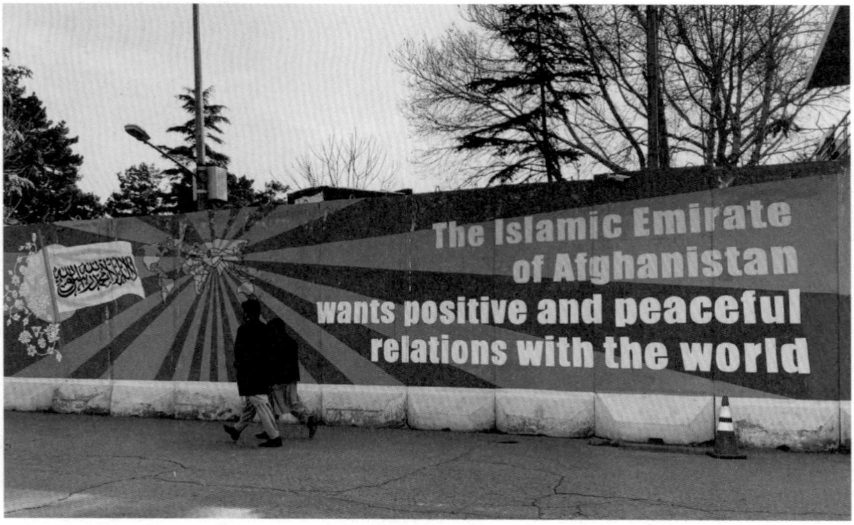

▲阿富汗外交部外牆標語，期待和世界建立正向和平地的國際關係，不管是不是口號式的精神喊話，但塔利班已經從極端組織轉型成接管國家的政權，但終究有部分教義無法讓民主陣營接受，例如對女性的管控，都將是他們必須面對指責的焦點。

擊，這間也是 Wilson 服務的 NGO 一手建立起的醫院。當時 Wilson 就在醫院內部，當他們遭受攻擊時，立刻將醫院人員疏散，部分人員躲進地下室能夠上鎖的避難空間裡。但醫院裡人多，哪有辦法全部逃出，他從地下室的監視鏡頭看著恐怖分子朝著醫院內部的人群持槍掃射，一場血腥殺戮就在他們的頭頂上進行著。

Wilson 一群人在地下室避了好一陣子，靠著平時存放的乾糧度過幾餐，等到確認都無動靜了，他們才敢打開上鎖的大門。他們回到已經面目全非的醫院大廳，遇害者遺體四散一地，到處都血跡斑斑，甚至還有幼童、孕婦遇難。Wilson 說他跟著 NGO 的安排在戰地服務許久，醫院通常不會被鎖定攻擊，這樣的慘狀實在少見。

ISIS-K 是伊斯蘭國 ISIS 的分支，中文是呼羅珊伊斯蘭國（Islamic State-Khorasan）。在二〇一四年底、二〇一五年初跟著伊斯蘭國成立，當時伊斯蘭國的活動範圍集中在敘利亞和伊拉克一帶，呼羅山伊斯蘭國則是以阿富汗境內的攻擊行動為主，成員大多是阿富汗和巴基斯坦的極端主義者，或是塔利班組織的叛逃者。

ISIS-K 的攻擊目標廣泛，包括阿富汗安全部隊、西方聯軍、國際 NGO、異教徒、特定種族、甚至是塔利班。他們認為塔利班試圖和西方世界協商談判，已經背離伊斯蘭的教義和精神，因此發動「聖戰」要清除這些走入歧途的人。當美軍撤離、數千人湧入機場及周邊，搶著要搭機離開阿富汗之際，曾經有一場震驚全球的爆炸案，造成上百人死亡，其中還包含十三名美軍，這場自殺炸彈攻擊就是由ＩＳＩＳ-Ｋ策動的。

塔利班重新掌權，得面臨ＩＳＩＳ-Ｋ的伏擊，還有西方世界給予的各種經濟制裁，當時沒有任何國家承認「塔利班政權」。塔利班被國際社會視為「恐怖組織」，直到二〇二二年底，甘尼都還被聯合國視為阿富汗總統。不過塔利班也不完全是孤立無援，當西方國家的阿富汗使館紛紛關閉，中國大使館維持著運作，甚至提供必要的經濟援助。塔利班的第一筆外貿生意，就是賣到中國的四十五噸松子。二〇二三年底，中國接受了塔利班派駐北京大使卡里米（Asadullah Bilal Karimi）的國書，外界普遍認為，中國等於是全球第一個承認塔利班政權合法性的國家。

中國自然有他的盤算，阿富汗對中國來說，還有地緣和天然資源的利基存在。有了中國帶頭之後，或許還會有其他國家跟著承認塔利班的合法性，尤其是以中國為首的一帶一路國家，往往以中國馬首是瞻，或許只是等待時機。此外，卡達也是另一個可關注的國家。

交涉：塔利班的簽證

塔利班奪權之初，各種從阿富汗境內傳出來的消息相當混亂，包括清算前朝官員、關押不服從命令者、禁止女性外出就學就業、毆打新聞從業人員等等。我們從外面看西方媒體的報導，幾乎都是阿富汗人想要逃離自己的國家。

與其當個看不清的局外人，我們決定自己進入阿富汗，看看塔利班執政下的這個國家，是否真如外界所想的愁雲慘霧，民不聊生。不過看著外電描述塔利班如何箝制新聞採訪，以及當地記者遭到逮捕的各種訊息，不免讓人緊張。我們自以為認定的新聞自由，或是戰地不攻擊記者，在某些條件下是不存在的。

臺灣在過去十幾年對阿富汗或是塔利班的報導，少之又少，更別說有媒體派記者親赴阿富汗。塔利班執政後，局勢未明，光是要在哪裡辦簽證，都是個挑戰。從過去採訪留下的人脈中，輾轉取得了阿富汗外交部人員的聯繫方式，總算是開了道門。

既然能夠直通外交部，我就直接表明來意：臺灣的記者，要到阿富汗採訪。當訊息傳送出去，我緊張著會不會因為媒體身分被打了回票，在許多伊斯蘭國家，媒體算是敏感行業，要辦記者簽證，都得耗費上大半時間，或是沒有下文。我申請簽證距離塔利班掌權已經四個多月，外交部正向的態度讓我意外，經過幾番往來，我決定到卡達的阿富汗使館辦理簽證。

獨棟全白的阿富汗使館在卡達看起來簡潔俐落，頗有清真寺高雅素淨的氛圍。我和資深攝影記者劉伯奇在門口觀望了一會兒，腦中想像著塔利班政府的外館人員會有多嚴肅或難搞？按下門鈴，出來的是個年輕的接待人員，說明來意後由他帶我們進入館內。這絕對是我人生中最特別的簽證辦理經驗。

踏入使館，左邊就是個接待大廳，正前方是通往二樓的大樓梯，右側印象中有幾個小房間。

大廳擺放著阿富汗國旗，也有塔利班的旗幟，接待人員請我們「自便」，等待簽證官叫我們。我很確定當下沒有其他要辦簽證的人。我們沒有安檢，沒有拿出任何器材，就這麼直接進了大使館，我當下狐疑著，怎麼大使館的維安這麼鬆散？

有長達幾分鐘的時間，大廳除了我和同事，沒有其他人，我們大膽地拿出相機四處拍照。突然，簽證官走了出來，他見了我們在拍照就說：「你們拍好了、準備好了就可以隨時進來。」如果這換到了其他國家的大使館，恐怕要被攆出去了。

簽證官很年輕，目測不到三十歲，最多三十出頭，穿著就是牛仔褲和T恤，輕鬆地讓人意外，我一度懷疑自己是否在大使館辦簽證，或是在這裡拿到的簽證到底算

▲潔白無瑕的卡達首都多哈的阿富汗使館，看不出這是個歷經 20 年戰爭的國家外館。塔利班執政初期，阿富汗全球數十個使館停止運作，位於卡達的使館是少數持續給予外國人簽證的阿富汗大使館。

不算數。我們的機票訂得趕，必須取得簽證後立刻搭機返回杜拜再飛喀布爾。本來我預留了一天的時間，讓簽證作業程序可以有點彈性，但沒想到當時新冠疫情擾亂，我前往卡達杜哈的班機被迫改班，抵達時已經傍晚，大使館早就下班。

隔天一大早趕往阿富汗使館，見到簽證官我便直說，我們飛往杜拜的航班就在傍晚，必須要當天就取得簽證。眼前年輕的簽證官似乎有點為難，他說大使剛好在外開會，不確定什麼時間回到使館，要我們留下護照，等大使蓋章後就通知我們。

我們有幾個小時的時間可以拚拚看，中間簽證官讓我們外出用餐。我焦慮地看著航班時間，一邊看著手機會不會有訊息傳進來，就怕漏掉了。期間我還傳了兩三封訊息「提

▲ 2022 年 2 月當時的阿富汗駐卡達大使館官員知道我們要前往喀布爾，特地從外部會議中返回使館核發簽證，並友善地表達歡迎之意。

醒」簽證官：「我們今天晚上一定要回杜拜趕飛機。」終於，下午三點多，一封簡訊跳出來：「你們可以來拿回護照了。」

我們回到大使館，正巧碰上了大使，或許該說是，大使正在等我們。簽證官說，大使為了要核發我們的簽證，特地趕回使館。這和我們預設認知裡的塔利班大不相同，原以為會是非常嚴肅、緊繃的過程，竟然是如此地「平易近人」。我只有和大使小聊兩句，告訴他我們為什麼想去阿富汗採訪，我記得大使說：「歡迎你們，請讓更多人認識阿富汗。」

肅殺：喀布爾街頭的安檢

原以為飛往阿富汗的飛機應該空蕩蕩的，卻不想幾乎客滿。有部分看起來是外國人，多數是阿富汗人準備回國。我上前向幾位乘客攀談，有許多是在海外工作的阿富汗人，都說想要回鄉看看家人，但顯然他們對於塔利班執政這件事情並沒有太多憂慮。登機前排我前面的是一位美國人，原是國際 NGO 成員，二〇二一年八月塔利班奪權後撤出阿富汗，事隔半年，他先返回阿富汗探路，看看是否適合把中斷的 NGO 任務重新接上。

在上萬英呎的高空中，我隔壁坐著一位阿富汗年輕人，一身牛仔褲和 Superdry 外套，手上兩支智慧型手機，非常洋派。

「你是從哪裡到阿富汗去？」我問。
「我從英國來。」男子回。
「你什麼時候去英國的？是去年八月嗎？」我好奇他是否為第一批逃離阿富汗的人。
「不是，我是去英國念書，現在要回阿富汗去看看我的家人。」聽起來是個家境不錯的人。
「你現在回去阿富汗，不怕有安全的問題嗎？你的家人還好嗎？住在哪裡？」我好奇地問著一連串問題。
「我們住在喀布爾附近，在首都還好，沒有什麼問題。你呢？你要去哪裡？」男子反問我。
「我是記者，我要到處採訪，會去喀布爾、坎達哈和赫拉特。」我回。
「你知道坎達哈有塔利班嗎？」男子繼續問。
「我知道，我們想要訪問塔利班，想知道塔利班執政之後的阿富汗人民的生活。」我解釋此行目的。
「你如果去南部坎達哈，很危險，你可能會死在那裡。」男子似笑非笑地威脅口吻讓我在高空的機艙裡開始緊張起來。「你需要翻譯嗎？我有空的話可以跟著你去。」
「我們已經找好翻譯了，不過我們可以交換聯絡方式，如果我遇到麻煩可以找你。」我想著萬一真的遇到麻煩，有個當地人可以當救兵似乎不錯。但下了飛機道別之後，我們就再也沒有聯絡了。

從空中鳥瞰喀布爾，一片土黃，絲毫沒有國家首都的氣勢，下了飛機，機場冷清空曠。在機場買SIM卡時，兩個塔利班軍人，直盯著我們看。塔利班的標準配備就是AK或M十六步槍，看得我們渾身不自在，只想快快離開。機場外頭，大大的"I love Afghanistan"，看起來是要給遊客拍照留念的，想必短時間用不上了。現在還有多少人願意來阿富汗一遊呢？

我們這種外國臉孔對當地人來說頗為新奇，踏出入境大廳，就有人主動上來接手幫推行李車，根本來不及說不。

「你們這幾個月有旅客來嗎？」我順勢乾脆和他聊起天來。

「沒有，已經好久沒有遊客來阿富汗了，機場都沒有什麼人。」他用簡單的英文回我。

▲喀布爾街頭一隅，巷子內幾乎都是烤肉店，烤肉爐架在店門口，香氣煙霧四溢。

「那這樣你們工作有錢賺嗎？」我好奇。

「我們已經好久沒有領薪水了，塔利班接管機場，也沒有給我們錢。」他繼續回著。

「那你們怎麼生活呢？」

「我們就是有什麼工作就做什麼，但其實也沒什麼工作可以做。」

簡短聊了幾句，我在停車場接回行李準備上車，我拿了美金五元給他當小費，但他面有難色遲遲不願伸手。

我說：「不夠嗎？你想要多少呢？」

他回我說：「二十元（美金）。」

我愣了一下，但隨即就從皮夾裡抽了兩張十元美鈔出來交給了他，他才心滿意足地離開。阿富汗人沒有節育的概念，每

▲阿富汗街頭有許多男性坐在街頭，等待零工機會上門，多數的工作機會可能是搬運重物、清潔垃圾等，工資相當有限。

個阿富汗家庭幾乎都生養眾多，老老小小有一大家子要養，半年來沒有多少收入，好不容易等到一個外國人可以多要點小費，完全可以理解。

喀布爾街頭，車輛熙來攘往，甚是熱鬧。有許多建築外頭擺上蛇籠或柵欄，不讓人車靠近。鬧區的圓環，必有軍警維安設立檢查哨，抽檢往來車輛。這樣的場景，被外界解讀為塔利班隨意侵犯人權，阿富汗人在塔利班統治之下毫無自由可言，但這並非阿富汗獨有，我曾經到過的戰地國家，都市的街道巷弄皆設有檢查哨。

喀布爾市區最熱鬧的地區，就在美國大使館外。我們抵達喀布爾時，美國大使館人員早已撤離，整棟大樓暫時廢棄不用，從外觀來看，美國大使館建築宏偉壯觀，氣派程

▲對攝影機好奇的塔利班士兵及民眾，把攝影記者劉伯奇團團圍住，想看他到底在拍什麼。

度比起首都其他建築簡直雲泥之別。然而，只不過半年沒有人氣，土黃色外觀已經稍顯黯然，使館的大門口也被塗上了塔利班旗幟上的字樣，成王敗寇、手下敗將的顯擺意味濃厚。

塔利班的士兵沒有制式的軍服，街頭安檢人員穿的是美軍迷彩服，在美國使館外有巨大的衝突感。把敵人打跑了，卻穿著敵人的制服執勤。其實多數軍人是前政府棄守後被塔利班接收的，和從南方一路打上來的塔利班民兵不同，曾經受過軍事訓練的人，行動總是俐落些。我問他們，你們檢查來往車輛，目的是什麼？安檢主管告訴我，因為阿富汗國內還有零星攻擊，他們要檢查有沒有人隨身攜帶武器，或是有恐怖攻擊的動機。

▲喀布爾街頭檢查哨的士兵，在休息期間看到我們在拍攝街景，主動地向我們靠近攀談。我也大膽地請他讓我試拿步槍，沒想到對方就直接答應，僅口頭提醒不要誤扣扳機。

採訪拍攝過程中，幾位下哨的塔利班軍人圍了過來，好奇這兩個外國人到底在拍什麼？就這樣我們也成了可愛動物區裡的動物，他們開始拿起手機拍我們，也靦腆地指指手機，再指指我們，表達想和我們合照，儘管語言不通，但卻親切有禮，幾乎個個如此。

合照當然不成問題，但我們好奇的是他們手上的步槍，隨口問問能不能借來裝模作樣拍個照，他們倒也爽快答應，於是我就把塔利班軍人的槍給接過來了。槍口朝下，食指伸直這是基本動作，本來想把食指扣上扳機，差點把這批軍人給嚇死。

西方媒體對塔利班的形象建構，從九一一發生之後，就一直以「恐怖組織」的形貌出現，並且把賓拉登的基地組織和塔利班連結。二十幾年根深蒂固的刻板印象，讓塔利班和「恐怖」、「兇殘」畫上了等號。臺灣媒體使用外電，大多順著西方媒體的角度走，很難進到第一現場，提出自身的觀察。

罩袍：阿富汗女性的韌性

塔利班政權積極想要融入國際社會運作，但卻總有幾項極端規定不見容於西方民主世界的主流觀點，成為不斷被攻擊的理由，他們對女性的保守規範就是其一。塔利班在二〇二二年五月，白紙黑字頒布一項命令，要求阿富汗女性都要穿著罩袍，若屢勸不聽，除了該名女性之外，家裡的男性成員（父親、丈夫、兄弟），也會連帶受到懲罰。

在前政府的時代，阿富汗的政府組織中曾經有「婦女事務部（Ministry of Women's Affairs）」的存在，女性可從政、可當律師法官、可就業、可受教育。塔利班執政後一夕丕變，女性的「自由」、「就業權」、「受教權」等幾乎全被剝奪。如果沒有在第一時間隨著美軍撤離，曾經享受過高等教育和白領工作的女性，都被迫回到家中成為「被男人保護」的女人。婦女事務部也隨著統治政權的更迭被「道德宣傳與犯罪預防部（Ministry for the Propagation of Virtue and the Prevention of Vice）」取代，目標在執行伊斯蘭律法（Islamic Law）。

我對宗教保持開放並尊重態度，但我始終認為，沒有任何一個宗教的神祇會對信仰祂的人給予壓迫的教義。很多時候是，宗教的訓示非人類所能理解，但偏偏宗教領袖以人的智慧來解釋宗教義理，得到錯誤的資訊，而產生了宗教領袖為了獲得信徒擁戴而衍生出的極端教義。可蘭經對女性的態度，從未見伊斯蘭先知對女性有任何歧視或壓迫的教訓，反而是尊重女性自主，認為男女應該維持平等，並不將女性視為男性的財產。

但是從什麼時候開始，伊斯蘭女性必須依附男性之下，似乎已不可考。但是放眼當今極端伊斯蘭組織，對女性都是打著保護的名義而限縮其自由與受教育之權利。塔利班當然也不例外。塔利班統治下的阿富汗，是我採訪過對女性最保守的伊斯蘭國家之一，另一個是葉門。

走在阿富汗街頭，可以看到許多貼掛在建築外牆上的橫幅布條或標語，上面會印上全身穿著罩袍的女性，僅僅露出雙眼，偌大的文字寫著「親愛的穆斯林姊妹們，穿上罩袍是妳們的榮耀，也是妳們的驕傲。」洗腦式的標語隨處可見，執政當局也透過這種方式給予全國女性壓力，同時也隨時提醒男性如果看到衣著不整的女性必須給予「提醒」。

在阿富汗，有許多男生會認為自己有保護女性的天職，就算是不認識的。我們在街頭上拍攝街景，就算沒有針對女性特寫，只是把攝影機固定就位，拍攝人來人往，若偶然間有女性出現，並朝著攝影機的鏡頭方向走來，假使我們沒有立即移開，一旁就會有男性主動走向攝影機並要求我們轉向或停止拍攝。據理力爭是沒有用的，我們認知的開放式空間是自由拍攝的場域，但在阿富汗女性出現的時候，這種自由是不存在的。

▲街頭標語是伊斯蘭國家重要的精神喊話。

此行採訪，阿富汗的女性處境也是我們規劃的重要議題之一。我們四處詢問可能受訪的女性，但是塔利班對女性嚴加控管的氛圍，讓許多女權運動分子也擔心恐懼，更別說要出面指控塔利班的壓迫。

我在抵達前，朋友介紹了一位線人，有管道聯繫上曾經在街頭抗爭的女權團體。在他的引薦之下，終於找到一位願意受訪的Arifa（化名）。原先Arifa猶豫再三，我向她保證絕不露臉，並由她選擇安心受訪的地點，並由這位中間人當翻譯。抵達喀布爾已經是當天中午，此行我聘請了一名翻譯、一名駕駛和一位安全人員，這三人看似協助我採訪，但都是透過塔利班政府外交部友人安排，我知道我的一舉一動，也是被盯在眼裡。出了機場抵達飯店，我

▲塔利班執政後，對婦女的控制較前政府更為保守，不僅頒布多項對女性不利政策，更裁撤婦女部改為道德風化部，就連街頭的塗鴉都不能露出五官，過去的女性壁畫，臉部幾乎都被塗嘿。女權議題也成了國際談判上的致命議題之一。

隨即告訴我的翻譯說，長途飛行已經疲累，下午將在飯店休息，請他們三位也先休息，隔天再開始正式行程。確定他們三人離開後，我便請另一位友人到飯店接應，前往Arifa指定的採訪地點。

未免夜長夢多，這個採訪我們希望能夠速戰速決。Arifa指定的地點在一處鬧區的餐廳二樓包廂，這是她友人開設的餐廳，對她而言，樓下若有什麼風吹草動，會有朋友立刻通報。我們在側邊包廂採訪，也避開了餐廳用餐的客人注意。

「阿富汗是伊斯蘭國家，在過去的歷史脈絡中，女性的權益大都是被犧牲的，女性沒有任何權力，在這裡我們活得很不像人，在這裡我們並沒有得到身而為人該有的對待。」Arifa告訴我們。

不到三十歲的Arifa，雖然身穿黑色罩袍，但面容清秀，配戴時髦配件，看得出是有十足個性的現代女性，大學畢業，曾經受過高等教育，又曾經在電臺擔任過記者、主播，對於各種男女不平等的社會規範和枷鎖，自然想方設法打破。

「塔利班執政後，妳們還有機會走上街頭嗎？」我問。

「初期還會有些人出來抗議，想要爭取該有的權利，但是越來越多警察盯著我們，我有幾位朋友曾經在抗議活動中被逮捕，囚禁了幾週，所以現在大家也不敢明目張膽的抗爭。」她憤憤不平地說。

「那現在妳還能工作嗎？」我繼續問。

「塔利班不希望讓女人工作。我很羨慕你的工作，可以到自己想要去的地方去，非常自由。

我以前也是記者，到處採訪，但現在已經沒有自由。」Arifa 悵然若失。

「塔利班規定女性出門都要有男生或是其他人陪著。女生不能單獨出門，一個人走在街上。」她說。

「但是你出門接受我們採訪是怎麼來的？也是一個人？」我好奇地問。

「我有把臉遮住，而且我搭公車，周圍都有很多人，所以不會引人注意。」她小心地回答。

「妳覺得現在的生活會充滿恐懼嗎？」我繼續問。

「我現在不敢長住在自己的家裡，大約三五天就要換一次住處，因為我之前上過街頭抗爭，我覺得塔利班應該有個名單，因為我有些朋友也曾經被逮捕過，我想我們都是黑名單裡面的人。」她說著，語速非常快，聲調起伏大，情緒毫不隱藏。她拿起手機繼續說：「我們用手機傳送訊息，我們都要非常小心，塔利班如果抓到我們，會檢查我們的訊息內容，我必須要用限時刪除訊息的功能，不能讓對話被人看到。」

要查看通訊內容和監聽，若在臺灣，還得經過層層的法院審核同意才得以為之，否則就是侵犯隱私，既違法亦違憲。在民主的臺灣，幾乎人人得以安居樂業，即便不是十分富足，但尋常守法的老百姓早已脫離隨時被關押的恐懼，大概只有亡命之徒需要三天兩頭更換居所，但是在以宗教律法治國的阿富汗，想為自己爭個前途的女性，卻時時得活在憂心驚懼之中。

在塔利班政權之下，女性禁言的氣氛無所不在。許多女性沙龍理髮店被收了起來，擁有女性性徵的假人被削去了頭部或是搗毀，街頭塗鴉只要有女性，也都被用黑漆把臉部抹去了，就連過去的衛教宣導圖案亦是如此。

我問 Arifa：「妳覺得自己在阿富汗還有未來嗎？」

「塔利班在逼我們離開，但是家人都在這裡，我們還能去哪裡呢？我當然希望有一天可以自由自在行動，做自己喜歡的工作，或許有一天真的會離開吧，至少到一個不會時常被死亡威脅的地方。」Arifa 語氣無奈地說著。

「妳希望外界如何幫助你們呢？」我問。

「我們為阿富汗女性發聲，我們不應該被獨立於世，我只能希望這樣的處境在未來能夠改善，我希望你們把我們的聲音帶出去，阿富汗需要更多協助，要有更多人看到阿富汗。」她的卑微但堅定的口氣，還不願意讓自己的人生就此定錨。

在阿富汗這個國家，像 Arifa 這樣受過教育，具有人權思維的女性，多數在首都喀布爾。西部城市赫拉特，也有不少願意展現個人風格的女性。赫拉特與伊朗接壤，教育文化興盛，城市的開放風氣甚至超過喀布爾，因此我們在赫拉特市區看到不少女性穿著色彩鮮豔或是有特殊花紋的罩袍，頗能展現女性風姿綽約的樣貌。

我問隨行翻譯，為什麼有些女性要遮臉，有些卻不需要？他說這得看每個家庭的男主人的態度。在八成人口活在貧窮線下的阿富汗，即使是喀布爾街頭也有許多女性帶著年幼的孩子在街頭乞討，他們乞討的對象包括男性。我就曾走在路上被拉扯衣袖，乞討的女性一手伸向我，向我要點零錢，多數時候我不會給，因為怕引來後續更多人圍上來。我心裡想的是，這些女性的家庭，已經窮到非得由她們拋頭露面乞討，男性們都在做什麼呢？向陌生男子乞討，不算是違反她們的律法教義嗎？

塔利班的發源地，南部大省坎達哈，則是個都市化極低的鄉村，極度保守，女性多數穿著單色罩袍，或黑或藍，從頭至腳包得緊緊，就連雙眼都只能隔著網紗看著外面的世界，徹底遵守塔利班的極端律法。

轟炸：坎達哈農村的墓地

坎達哈的都市化程度不高，是塔利班的權力中心。許多人或許不知道，塔利班衝進喀布爾，為的是搶下阿富汗的主導權，喀布爾是整個阿富汗的政治經濟中心，這座城市對前政府、國際組織而言是重要的，但是對塔利班來說，為了維持和國際間其他國家的交流運作，只好延續喀布爾的首都地位，但塔利班的發源地坎達哈，才是真正讓塔利班安心的「家」。

塔利班政府的官員，雖然辦公在喀布爾，但幾乎每週都會返回坎達哈。我在喀布爾採訪時，到了週四下午，幾乎無法再約重要的部會官員，我的翻譯告訴我，他們都已經準備回「家」了。

坎達哈距離喀布爾將近五百公里，超過整個臺灣的長度，我們用陸路前往，開車花了超過十個小時才抵達。這裡算是阿富汗第二大城，但卻是滿滿的破敗感。一七四七年阿富汗王國建立時，就是以坎達哈為首都，可惜連年戰亂破壞了當地的市景，也打亂了老百姓的生活，至少我的短暫停留，感受不到坎達哈的歷史文化底蘊。

我們往坎達哈的郊區走，出了市中心，這裡百姓的房子大多是用泥造的，或是沿著山壁鑿出個內凹的起居空間就當成是房子，毫無穩固基礎可言。我當時在想，如果來場豪雨或是強震，這些房子怎麼承受得住？

果然總是好的不靈壞的靈，在我採訪回國後，阿富汗分別在二〇二二年六月及二〇二三年十月發生規模六以上的大地震。前者震央在東部，造成超過一千一百五十人死亡，後者震央在西部，超過二千人死亡，數萬間「房屋」被完全或部分摧毀。本就困苦的阿富汗鄉村人口，遭遇浩劫後更無以為繼，上萬人流離失所。儘管有國際

▲採訪車從喀布爾開往坎達哈途中，在沙漠道路上拋錨，許多往來車輛熱心協助。

救難隊伸出援手，但是阿富汗的處境在塔利班執政後僅被短暫關注，隨著烏俄戰爭爆發，全球資源以及氾濫的愛心湧入烏克蘭，剝奪其他區域的待援物資，造成人道救援失衡，還願意花心思關注阿富汗的人已經寥寥無幾。

坎達哈郊區多山，鄰近巴基斯坦，是老天爺賞給塔利班得以茁壯的生長環境。正因如此，塔利班擅長打山區游擊戰，他們沒有正規的軍事訓練，平整開闊的戰場反而對他們不利。當年賓拉登就是躲藏在阿富汗和巴基斯坦邊界的山區，有塔利班的庇護，讓美軍苦尋不著，因此延命苟活了好些年。但美軍為首的西方聯軍對塔利班可沒在客氣的。

即使賓拉登已經於二〇一一年在巴基斯坦境內遭到擊斃，美國和親美的阿富汗政府仍視塔利班為一大威脅，每每獲得情報後就會發動一連串的空襲，扛著反恐的大旗，在國際間名正言順，聯合國

▲坎達哈鄉村的小到兩邊，有許多用石頭堆砌的小墳塚，部分插上竹竿和旗子，特別醒目，有些墓園更是插滿旗桿。當地人解釋，這些有插上旗桿的墓塚，是在西方聯軍試圖空襲塔利班時不幸遭到波及喪命的無辜百姓，因此當西方聯軍撤出阿富汗，對這些鄉下人來說是天大好消息，至少不用再怕哪一天炸彈從天而降把自己炸死。

和北約「共襄盛舉」，誓言清除塔利班勢力。這好熟悉吧，以色列納坦雅胡政府，不也是打著剿滅恐怖組織哈瑪斯的名義，對加薩走廊毫無節制的攻擊。加薩無辜的巴勒斯坦人還有國際聲援，但是在二〇〇一到二〇二一年的二十年間，卻看不到有任何大型國際組織聲援，為阿富汗的老百姓發聲。

我們的車子開進崎嶇石子路，沿途景色變得黃土一片，聚落越來越發散，偶有摩托車經過，便揚起漫天沙塵。

我們進到一處村莊，但說是村莊，卻又覺得遠遠不及。幾個幼童在空地上追逐玩耍，就是孩子該有的天真模樣，四周卻不見青壯世代的大人，或許都離家工作去了。一名老者向我們走來，翻譯說明我們

▲坎達哈一處被西方聯軍炸燬的民宅，孩子們對外國人的攝影機好奇，站成一排讓記者拍照。這群孩子年紀尚小，卻有著太平世界大人都沒有的戰爭經歷。塔利班之所以能夠快速奪權，就是鄉下老百姓們厭倦了偶爾突來的轟炸，美國扶持的阿富汗政府無法帶來溫飽的生活，更無法提供安全保障，支持塔利班變得相對安穩。

的來意，想看看過去幾十年來，阿富汗鄉村的老百姓們過著什麼樣的生活，他便帶著我們繞著村子走一圈。

行進間，我一直不覺得自己走在村落屋間，我只看到凹凸不平的黃土堆，還有一個一個面對不同方向的「泥洞」。一個從現代化國家走進阿富汗鄉村的記者，實在難以理解他們口中的房子，該如何遮擋風雨，甚至嚴酷寒冬時的冰雪。老先生最後帶我們走進他們一家十幾口的家，幾個約莫六七歲年紀、甚至更小的孫子們一路跟著，回到家中後就更放膽地跑跳喧鬧起來，畢竟這裡是他們日常生活的場域。

這個家從外觀來看，頗為寬闊，一排黏在一起的屋子，各有不同用途。中間為客廳，也是老先生帶我們參觀的地方，客廳裡面鋪著地毯，地面上挖了個洞，上面還有些炭火，這是煮茶或燒炭取暖用的。可別奢望在這樣的地方會有電視，這裡的娛樂大概也就是全家聚在一起泡茶聊天。沒有椅子、桌子，大家席地而坐，有地毯算是不錯的了。客廳的最裡頭，靠牆放著一疊厚毯子，是一家人的床鋪和被子，白天堆疊起來，就寢時才取下來使用。

除了客廳，廚房、廁所，其他的臥房分散在其他空間，一排屋子的正前方就是個大院子，有幾隻雞悠閒地逛著，不知道什麼時候，就成了這家人的「大餐」，但其實這些雞看起來也營養不良，身上的肉大概所剩無幾。這一家像是東方傳統的三合院人家，只是沒有完整的房屋結構、沒有磚牆瓦頂、沒有圍牆環繞，更沒有大門隔出這戶人家與他人的界線，就是個開放式的空間，外人可以隨意進出。

老先生說道，自己幾個兒子都在外頭打零工，自己偶爾還要幫人下田幹活，賺點零碎的生活費，孫子們都還小，稍微懂事的，都幫忙賺錢去了，在這裡要能上學，都是奢侈。我們二〇二二年初造訪，新冠肺炎疫情還沒完全平息，他說有個孫子撐不過去死了。

我問：「你們住這麼偏遠，遇上生病怎麼辦？」老先生回：「幾公里外的小鎮有個小診所，如果生了病，就請託鄰居或是路過的車輛載一程，小孫子當時就是來不及，只能看著病死。」這裡沒有防疫概念，物競天擇或許就是在這樣的地方發揮作用。

我追問：「塔利班會藏在你們村子裡嗎？」

老先生：「我們根本不認識塔利班，但

▲阿富汗坎達哈最現代化的私人醫院，由當地石油、果敢貿易商家族所建，和破舊擁擠的公立醫院形成對比。不少周邊國家富豪甚至會專程到此就醫。

是美國人到處亂炸，你看我們外面的這些房子，都是被美國炸的，你告訴我，這哪裡有塔利班？」

我怎麼會知道有沒有塔利班呢？對於老先生的反問，我只能默不作聲，給予同情。

離開這座村子後，我們轉到另一處村落，這裡看到的房子就真的是房子了。土磚蓋成的房子，有模有樣，看起來比泥屋好上許多，我們進到一戶人家，應該不算太窮，是在巷口開雜貨店的。男主人領著我們進了大門，右邊就是殘垣斷壁的廢墟。

我問：「這間房怎麼了？」

男主人 Alarm 說：「就是被美國炸爛的。」

「是因為塔利班躲在你們這裡嗎？」我好奇。

▲阿富汗農村對外國人充滿好奇，尤其是扛著相機找人訪問的記者，路過民眾不論老小看到媒體採訪，都會趨前駐足圍觀。

「我們怎麼會認識塔利班？」他稍微提高音量：「我們有一天就聽到前面有嚴重的打鬥，一直聽到槍聲，是聽說塔利班和美軍發生衝突，我們當下很害怕，只能全家先往市區裡避難。我們躲了好幾天，等我們再回來看，房子已經被炸成這樣。」

Alarm 和他的兄弟帶著我們繞到房子另一頭，他打開一間像是倉庫的門，從裡面搬出一堆廢鐵。「你看這些鐵片，就是美軍丟下來的炸彈，把我們房子炸成這樣，到現在我們都還沒辦法修復。」他隨意撿起一片歪七扭八的鐵片給我們看。

「那現在塔利班執政了，你們覺得有比較好嗎？」我問。

「我們日子還是不好過啊，但是至少感覺比較安全了，已經不用擔心什麼時候又有炸彈從天而降，把房子炸掉或是把我們的家人炸死。」一群圍繞著 Alarm 的男人也同意地附和著，這些人有些是他的兄弟，有些是鄰居。

英國王子哈利（說實在的我不知道他還算不算英國王子，畢竟他自稱已不再是皇室成員）曾經在阿富汗服役，他被派往赫爾曼德省（Helmand），就在坎達哈的隔壁。哈利在他的回憶錄裡自豪地說，他在阿富汗服役時殺死了二十五名塔利班武裝分子，他說：「在陷入激烈和混亂的戰鬥時，我不把那二十五個人當人看。如果把他們當人，就無法擊退他們。他們就只是棋盤上被移除的棋子。」

戰爭是這般殘酷，你不殺敵人，就可能被敵人殺死。一個曾經是英國皇室成員的哈利，這麼告訴他的讀者。這很寫實，沒有什麼不對。但我質疑的是，西方國家的情報未必永遠都是這麼準確，死在他們槍砲彈藥下的，確定個個都是塔利班武裝分子嗎？這個問題無解，因為這些被打死的人，不會有人認真地一一查核他們的身分，大概也只有他們的家人在乎吧。

在坎達哈郊區，車子一路開著，我注意到路邊有一處處隆起的墳塚，從外觀上可以輕易辨識，但我不解的是，怎麼有些墓前方是空的，有些前方則插著一根長竹竿，上頭還掛著旗子，為數還不少。我請我的翻譯問問村民，得到了答案。「那些沒有旗子的墓，就是一般正常死亡的人；那些前面插著旗子的，都是被空襲炸死，或是因為戰鬥被波及打死的，所以就會插上旗子紀念他們。」

我問：「這些被炸死的，都是塔利班成員嗎？」

村民：「大部分都不是。」

毒品：提供鴉片原料的罌粟田

把罪行推給沒有話語權或是無法反駁的人甚是方便，就像是逼著死人強揹黑鍋，死無對證、無法反駁。我們從小被教育人人都有免於恐懼的自由，但是在塔利班統治的政權下，受高等教育、充滿人權民主思想的有志之士處處驚恐，一旦被冠上莫須有罪名，就百口莫辯；就如同在西方強權為主流的國際社會中，一旦被打入「恐怖組織」或是「獨裁」之列，民主世界說你有多壞，你就必須強吞下去，難以翻身。

阿富汗南部的地理環境和自然條件，適合罌粟花生長，因此在坎達哈以及赫爾曼德省的郊區，有大片罌粟花田，養活了周邊許多農民。聯合國毒品暨犯罪辦公室（United Nations Office on Drugs and Crime, UNODC）曾經發布統計資料，阿富汗鴉片的產量占全球八十%，尤其是在赫爾曼德省的鴉片，就占了全球非法鴉片的三十九%，因為阿富汗南部長期為塔利班控制，所以他們合理推論，塔利班控制農民栽種鴉片轉賣，從中獲取不法利益維持組織運作。

言下之意，塔利班豈不成了全球最大的毒販？此番邏輯看似正確，又好像哪裡怪怪的，因為就伊斯蘭教義來看，毒品是絕對禁止的，一個深信極端伊斯蘭教義與律法的宗教組織，怎麼會放縱毒品傳播至此？我再細查其中的細節，阿富汗的鴉片產量在九〇年代就已不少，但是塔利班首次在阿富汗執政時，曾經下令禁止栽種罌粟花，因此鴉片產量在二〇〇一年明顯下降。

隨著美軍攻進阿富汗，扶持親美政權，阿富汗的鴉片數量從二〇〇二年開始逐年成長，到了二〇一七年達到高點。塔利班二〇二一年八月重返執政，二〇二二年再次下令禁種罌粟，聯合國二〇二三年發布新的數據顯示，阿富汗的罌粟栽種面積已經減少九十五%。若依此數據，我就想問，阿富汗的罌粟經濟得利者，到底是前朝親美政府，還是如西方媒體所說的塔利班呢？

我們實際走了一趟罌粟田，當時塔利班的第二次禁令還沒下來，即使已經改朝換代，農民種罌粟理論上尚未違法。我們眼前的罌粟田綠油油一片，多是葉子，少數面積已經長出白色典雅的花朵，著實美麗。罌粟花有不同顏色，在阿富汗最多的是白色，偶爾夾雜紫色或粉色，高雅出眾。但價值最高也最毒的，是藏在花瓣中間的蒴果。

我好奇地問農民，鴉片原料是如何取得的？他們親自示範了一次，拿出尖銳的竹刀片，在蒴果上快速畫了一刀，濃稠的汁液緩緩流出，他們再用採集器刮下，就這樣一顆圓形的蒴果可以畫個幾刀，再換一顆，這些採集的罌粟汁液，晒乾後就是鴉片膏了。

農民用竹片刮起一小撮罌粟液要我嘗嘗，我舔了一口，黏稠口感帶著草味，或許分量太少，實在感受不到精神被提振的作用。不過罌粟農可相當保護這些辛苦栽種的罌粟，

▲阿富汗盛產罌粟，曾經是全球鴉片原料供應大國。國際組織指控塔利班種植罌粟，販賣鴉片原料牟利維持運作，但塔利班兩次執政，都下達罌粟禁種令。

蒴果裡的每滴汁液都是能讓日子好過的真金白銀。我問了罌粟田的主人Kalim，是否因為種罌粟而致富？他說得保守：「如果天氣不好，或是來不及採收，罌粟花乾掉枯萎，我們也是會賠錢的。」但這顯然不影響Kalim的生活，他因為種植罌粟花，蓋了兩棟房子，這在阿富汗可是富豪等級。

我問Kalim：「你知道這些原料都賣到哪裡去了嗎？」

Kalim回我：「我不知道，反正時候到了就會有人來收購，只要價格合理我們就會賣給他，他們買去做什麼，我其實都不知道。」對於這樣的回應我自己心中藏著問號，你對於你的長期交易對象都不了解，如何建立起信任關係呢？還是就因為都不了解，不知道才是最安全？反正有錢收就好？

我繼續問：「但你知道這是可以做毒品的對嗎？」

Kalim：「我知道。所以才會這麼有價值，不過我們是不吸毒的。」他急忙自清。

「既然可以製毒，官方是允許你們種這些罌粟的嗎？」我追問。

「在這裡的地方官員，每年我們要播種和採收的時候，都會私下來向我們要錢，只有給他們錢，我們才能順利栽種。」Kalim說。

「你是指塔利班嗎？」我問。

「不是塔利班，是地方政府的官員。」Kalim回。

「現在塔利班執政了，之前他們曾經禁止種罌粟，你會擔心他們又下禁令嗎？」對於二十年前的禁令，我不確定 Kalim 知不知道。

「當然會擔心啊，如果他們要禁種罌粟也可以，但是至少要給我們替代方案，給我們經濟價值高的作物種，不然我們根本沒辦法生活。」Kalim 似乎擔心這一天真的會發生，憂心地說著。

「那什麼是你覺得比較好的替代作物呢？」我倒想知道種什麼的經濟價值可以等同罌粟花。

「我也不知道。」Kalim 兩手一攤，也沒想法，他也知道種罌粟是最值錢的，在阿富汗根本沒有什麼可以取代。

我們三月中採訪結束回到臺灣，兩個月後，塔利班政府果然就頒布命令禁止栽種罌粟，不知道 Kalim 的這一大片罌粟田是否還在，還是他已經找到了足以媲美罌粟價格的超值經濟作物了。

就算被前政府的地方官員私下「抽鴉片稅」，Kalim 的罌粟花田還是很有賺頭的。整體來說，罌粟花農的收入是阿富汗人均 GDP 的四十倍，要如何叫他們捨棄呢？也難怪在前政府執政的二十年間，阿富汗鴉片的產量逐年增加，據說當時的罌粟經濟高達二十幾億美金。

而罌粟花可不只能提煉鴉片，罌粟的葉子還能成為農民餐桌上的一道菜餚。我們在拍攝罌粟花田的時候，一群農家孩子就在田裡跑跳，好奇地對著我們的攝影機做出各種鬼臉和姿勢。突然一個孩子，摘下大片的罌粟葉就往嘴裡塞，我嚇壞了，擔心會不會中毒，但一旁的農民笑笑地說，不用怕，葉子是可以吃的，叫我也吃吃看。我採下一角，放進嘴裡試味道，乾澀苦辣直衝腦門，一點都不美味。在一旁的採訪車司機和安全人員，已經在田邊鋪起墊子開始野餐，他們把罌粟花的莖，剪成細碎，摻進茶裡，直說喝了之後精神百倍。

雖說塔利班禁毒，但我相信在阿富汗的社會型態中，要取得毒品實在不是難事。一日，我們在行進過程中和隨行翻譯聊天，提到我們要採訪罌粟農以及鴉片問題，隔一天，我們的司機就掏出了一綑捲了好幾圈的紙袋，打開後就是他們說的「濃醇香」大麻。他們開始在車子裡面捲起大麻菸，大方地抽了起來，還提醒我不能拍，嗆得我猛咳嗽。

寫作此書時，塔利班禁罌粟已經將近兩年，根據聯合國毒品暨犯罪辦公室最新數據顯示，緬甸已經取代阿富汗成了鴉片最大生產國。塔利班的禁令有了顯著效果。

▲阿富汗少年在罌粟花田直接拔罌粟花葉入口嚼食，罌粟不只可萃取出鴉片原料，對農民而言，罌粟葉的梗可加入茶水中飲用，罌粟葉可拔下來加菜，用途多元。

貧窮：無力回天的賣腎村

阿富汗的貧窮並非從塔利班執政後才開始，根據世界銀行的數據，二〇二〇年阿富汗有四十九％的人口生活在貧窮線以下，將近兩千萬人，而貧窮線的標準，是每天一美元的生活支出。放在臺灣，一天一元美金到底可以如何生活？兩顆茶葉蛋？當然每個國家的生活條件本來就不同，不該直接對比，但是難以想像的誇張數據提供了跳脫框架的思考。

聯合國在二〇二三年給了新的數據，阿富汗在二〇二二年底，貧困人口已經達到了三千四百萬，他們沒有做人口普查，但普遍認為阿富汗全國人口大約有四千萬人，也就是說，阿富汗整個國家有超過八十五％的人口活在貧窮之中。

聯合國開發計畫署（United Nations Development Programme, UNDP）認為，自塔利班二〇二一年執政以來，阿富汗經濟暴跌了二十・七％。其中一個很大的原因是，塔利班禁止婦女勞動，大大降低了國內的生產勞動力，經濟力自然下降，甚至讓國外的人道救援工作停止，一方面是因為抵制塔利班對婦女的壓迫，一方面是許多NGO的任務需要靠女性來協助。也因為變得更窮，兒童已經變成了家庭的「商品」，許多孩子被迫上街乞討、工作、販售雜物，無法正常上學校受教育，更嚴重的是，部分家庭會「賣孩子」籌取生活費。

不可否認，婦女勞動禁令的確是影響阿富汗經濟的重大因素，但是許多國際組織卻不提，西方國家在塔利班奪權後對阿富汗的經濟制裁，也是致命重擊。

雖然我們取得塔利班政府發的採訪簽證，不過有些議題對媒體而言仍然是個不可觸碰的紅線，像是女權、教育、極端律法，以及因貧窮衍生而出的違法賣腎現象。

買賣器官，不管在任何國家都是違法行為，但是私下的運作卻屢見不鮮。阿富汗就有這樣的狀況，而且許多人是自願地販售一顆腎賺取生活所需，看似解了燃眉之急，等到錢用完後就只剩後悔。但賣腎不是在塔利班上臺後才發生

▲英吉爾賣腎村接受訪問的一家五口，父母都各自賣掉一顆腎，但並無法改善家境，賣腎錢部分還掉蓋房子的債務，但仍不夠，家徒四壁甚至三餐都無著落。女主人接受訪問時已經顧不得面罩滑落露出整張臉，泣訴五口之家可能被迫賣掉小兒子還債。在採訪的 2022 年，賣腎賣子家庭的案例，曾經有阿富汗醫生接受媒體採訪時表示，他光在 2021 年就動了 85 次腎臟移植手術。

的，早在二〇一八年、二〇一九年已經出現。

我循著線索找到了在西部大城赫拉特周邊英吉爾區（Injil）的小村莊，一半以上的人口都只剩一顆腎臟。「賣腎村」顯然不是塔利班樂見的報導，當我試探性地問隨行翻譯關於阿富汗人是否窮到賣腎的問題，他說他從來沒有聽說過這樣的事情。不管是真的假的，但我已經感受到他不想深入地談論這件事。

出國採訪最重要的就是先做全盤的推演，我在臺灣規劃賣腎村議題時，就已經設想塔利班大概不會讓我們很順利地訪問這類故事，因此我透過管道先聯繫了在赫拉特市區裡的記者 Khalil（化名），不屬於塔利班的同夥，請他幫我安排英吉爾村莊的村民採訪。我沒有事前告訴我的翻譯和塔利班安全人員，我只說當我們抵達赫拉特時，會有位當地的朋友來接我們。他們大概覺得困惑，一個臺灣人第一次到阿富汗，哪來的朋友？

我們抵達赫拉特的隔天早上，我和 Khalil 先行碰面，因為我實在找不出正當理由支開翻譯和安全人員，只好請他們跟著 Khalil 的車子，而我和攝影記者劉伯奇就改搭 Khalil 的車。街景一路從三四層樓的建築換成了土黃泥屋，或是簡陋的一層樓矮房。

小村子的廣場，有一排年紀較長的老先生坐在低矮的小牆上，一見我們下車就開始一個個大聲罵了起來。我當然聽不懂，是透過 Khalil 翻譯我才知道這些長者對於媒體報導他們的賣腎慘狀極度不滿，認為過去已經有過幾篇報導，但記者們來了又走，並沒有為他們帶進外界的援助，為什麼還要去報導他們呢？其中一位看起來像是部落長老的特別生氣。

Khalil 正忙著幫我翻譯的時候，我的塔利班駕駛把他拉到了一旁，我驚覺這舉動有些粗暴。駕駛惡狠狠地盯著 Khalil 說著一連串我聽不懂的當地語言，語氣非常不滿，我不能讓他繼續罵，這對 Khalil 絕對不是好事，我擔心我們離開之後，Khalil 會遭到當地塔利班的秋後算帳。於是我直接請他帶我去找村民，把他拉離開怒氣未消的駕駛。而這整場採訪我幾乎都沒有用到我的隨行翻譯。

我問 Khalil，我的駕駛是否對他警告或威脅，他說別擔心，他還能夠應付。

我們走進了一戶人家，一對夫妻帶著三個孩子。「是有房子住的，而且不是泥屋，應該還可以吧？」我這麼想著。穿過院子走進

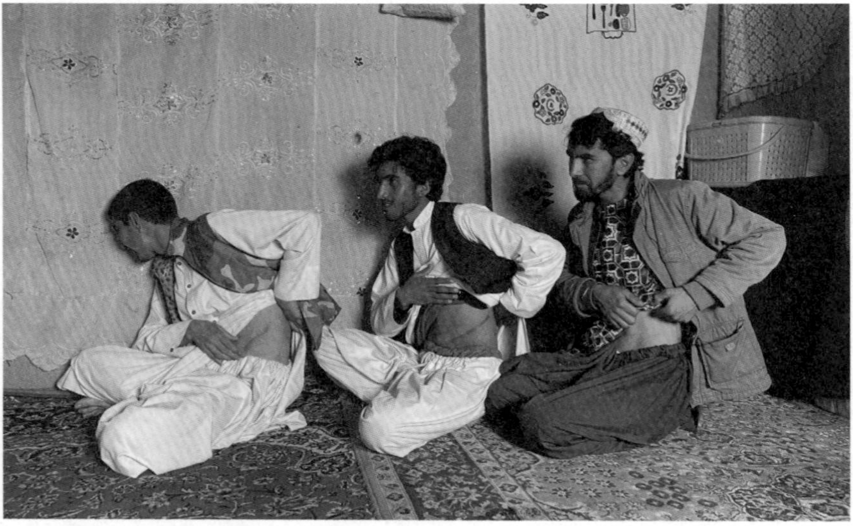

▲賣腎村的一家三兄弟向我們展示腎臟移植手術傷口，並嘆賣腎後已無法再做粗重工作，後悔莫及。

屋裡，雖然是大白天，但是窗戶很小不太透光，室內沒有電燈，顯得特別昏暗。入門的空間，我不知道該算不算是客廳，沒有家具、沒有擺設，甚至沒有地毯，連接著用矮牆隔起的廚房，牆檯上放著已經空無一物的調味罐，鍋碗瓢盆或許收起來了，我沒有看到。

屋子主人領我們進到看似臥房的地方席地而坐，這裡更暗了，我們只能打燈拍攝，我這才細細地看著這一對夫妻和孩子。男主人 Ahmad 實際年齡不到五十歲，滿臉皺紋，看起來至少六十歲以上，但是在臺灣我們看到的六十歲男性外表肯定比他年輕許多。

其實，我還沒開口問問題，Ahmad 就已經先訴苦說著家裡的處境。

「我昨天晚上把沙子丟進鍋裡炒，假裝準備煮飯，就先哄孩子睡覺，告訴他們起床就有飯吃了。但是我們根本沒食物，只能到處去找鄰居問。」三個孩子跟在父母後面，畏畏縮縮地還不清楚我們這兩個看起來不一樣的外國人到他們家到底要做什麼。

我看著眼前的 Ahmad，好奇地問他：「你平常都做什麼工作呢？」

他說：「我這幾年都是四處打零工，有段時間在伊朗工作，但是很不穩定。我有時候會去拾荒，也賺不到什麼錢，最後就決定回阿富汗。因為赫拉特離伊朗很近，所以選在這裡住。」

「你怎麼會知道可以賣腎呢？」我追問。

「我有一天進城裡，看到醫院外面掛著布條，上面說捐腎會有一筆費用，而且滿多錢，我就進去醫院問，醫生說捐腎對身體沒有太大影響，還能繼續正常生活。而且我有聽說滿多人都有捐腎換錢，好像也沒聽到有人死掉。」Ahmad 說著自己賣腎的來由。醫院用捐腎給營養費當話術，誆騙了許多社會底層的窮人，偏偏這些人對身體的運作和健康沒有足夠的知識，有錢才能解決眼前的問題，少一顆腎還能活，總比餓死好吧。

「你知道你賣掉的腎後來給了誰嗎？」我問。

「我們都不知道。」Ahmad 說。

「你一顆腎當時換到了多少錢？」Ahmad 賣腎的時間約在二〇一九年左右。

「我拿到大約二十萬阿富汗尼，但是我回阿富汗的時候因為沒有錢，所以就去借錢，但是債務一直增加，我欠了快要五十萬尼，我的錢很快就不夠，我就讓我的妻子也去賣腎。」他說話的時候，臉上的五官幾乎皺在一起，一旁的妻子雖然頭巾裹著臉，卻默默地流著淚。

我嘗試著問 Ahmad 是否能夠看看他的傷口，他大方地拉身上穿的傳統長袍，一條清晰的傷口就在腰際，這是為了生存的烙印。

原本在一旁默默聽著 Ahmad 說話的妻子開口了，情緒稍微激動：「我賣了腎之後，傷口的地方每天都在痛，尤其是到了晚上，幾乎沒有辦法好好睡覺。這種痛只有神才知道有多痛。」Ahmad 的妻子邊說著，邊用誇張的手勢形容她的痛，聲淚俱下，遮著口鼻的頭巾已經掉下，她也顧不得整張臉都讓房裡的其他男性看到了。

「你後悔嗎？」我問 Ahmad。

「非常後悔，我現在沒有辦法做粗重的工作，無法使力，所以就只能撿撿垃圾或是幫人洗車，生活還是很困難。」Ahmad 滿臉愁容，滿是懊悔。

「那接下來你們怎麼辦呢？有什麼計畫嗎？」我問。

「我們在想是不是要把孩子賣掉。」Ahmad 的妻子回我。

「你們三個孩子，捨得嗎？要賣誰呢？」我出發前就已經看過報導，有些窮人賣腎不夠，也被迫賣孩子。

「我們當然不願意，又有什麼辦法呢？這兩個還不懂事，要賣可能就挑一個賣吧。」Ahmad 的妻子指著兩個大約才三四歲的孩子。採訪過程中，老大靜靜地坐在媽媽旁邊，看來已經懂事，而兩個年幼的孩子，在房間裡時而跑跳，時而到媽媽身邊窩著，表情困惑地看著我們。

我到過不少戰地和窮困國家，原以為已經練就鐵石心腸，這一趟的採訪卻讓我幾乎全程皺著眉頭，沒有半刻放鬆。我相信每個國家都有各自的社會底層，但我當下所處的村子，有一半以上的人口都是像這家人一樣，為了活下去或自願或被騙放棄了自己身上的器官，這要有多麼無助才會如此選擇。

採訪結束後，我們回到村子廣場，那一群長者還留在原地。見到我們出來，又是一陣怒罵。我好奇地問他們是否也都賣了腎臟，一位長者回我：「我們年紀太大，根本沒有人要我們的腎臟，你們到底能幫我們帶來什麼呢？」賣腎也有年齡的限制，這些老人家或許也寧願賣腎籌錢，但是賣不出去啊。

我事後回想著這群老先生們的質疑，我們去報導了他們的弱勢故事，但能帶給他們什麼樣的幫助呢？阿富汗的報導播出後，收視反應極佳，但是卻沒有然後了，我一直思考著還能做些什麼。有多少人因為看了報導之後對阿富汗的窮人伸出援手？我實在也不清楚，但我只看到持續有人呼籲把資源投入烏克蘭，幫助「烏克蘭難民」，全球資源的流動本就有排擠效應，阿富汗人命難道比烏克蘭人不值錢嗎？

制裁：西方國家的經濟控制

制裁是敵對國家間常見的手段，如果是對單獨的個人（政治人物／企業家／特殊身分者）實施制裁，影響有限，但若是對整個國家經濟制裁，往往受害的就是老百姓了。

阿富汗的銀行系統本來就弱，流亡海外的前總統甘尼還是世界銀行的經濟專家，也當過財政部長，卻仍無法建立起健全的金融體系，其實非常可惜。我在阿富汗兩週看到幾間阿富汗銀行的招牌，但沒印象有在運作，或許是因為我沒有真的走進去。

剛抵達阿富汗時，我先在機場換了些阿富汗尼，這沒什麼，畢竟全世界的機場都有外幣兌換櫃臺。我原本打算進了市區再到銀行換更多當地貨幣，卻不想隨行翻譯告訴我：「我們不會去銀行。」我很驚訝地問：「那你們都去哪裡存提款？」「大部分人就是用現金交易，不太需要銀行。」阿富汗八成以上人口貧窮，平日的生活就已經相當困難，哪還有多少人真的需要存錢呢？

當然不是真的沒有銀行運作。就在塔利班初上臺時，因為擔心發生大規模擠兌效應，因此阿富汗銀行限制民眾的提款金額。而美國對阿富汗祭出經濟制裁，凍結了阿富汗央行在海外的七十億美元，讓這個國家脆弱的經濟體系雪上加霜，幾乎瀕臨崩潰。

第三世界的場景在臺灣實在難以想像，或許不少人會覺得臺灣貧富差距懸殊，仍有不少遊民窮到三餐不繼，但我們卻看不到滿街幼童在大街閒晃，鎖定行人隨機乞討，或是趁著塞車，衝到車陣中狂敲車窗販售極不吸引人的零食、貼紙，或廉價商品。

▲喀布爾的換匯市場是阿富汗全國最繁忙的金融交易中心，每天有上千萬美金的交易進行。各國貨幣在換匯市場內外流竄，有些個體戶甚至用塑膠袋扛著紙鈔在路邊擺攤。受到西方國家制裁影響，銀行系統在阿富汗幾乎停擺。

印象深刻的是，我第一天走在喀布爾街頭，兩個大約十歲上下的孩子朝著我們走來，手上拿著鐵罐子，不斷冒著煙。當他們靠近我身邊，拿罐子在我四周晃啊晃的，口中唸唸有詞，我自然是聽不懂，後來他們又撒了一把看起來像是種子的東西進罐子裡，發出沙沙聲響。「儀式」結束後，其中一位伸手示意我要錢，但我過去的經驗提醒我，在街頭給錢，可能會立刻引來其他人包圍。所以我就看著他，露出微笑，他見我沒有要給錢，也沒不高興，兩人又蹦蹦跳跳地跑走了。

我問翻譯他們在做什麼，為什麼要用煙燻我？我的翻譯告訴我，

▲阿富汗街頭有許多幼童，手持鐵罐並燃燒種子樹葉為路人祈福，他們會拿著冒煙的罐子再人們的前後左右擺動並念著祈福內容，一次大約一元阿富汗尼。

這代表著祈福的儀式，他們剛剛嘴裡唸的就是祝福我一整天順利平安。我滿是愧疚地說，那我沒有給他費用怎麼辦？實在非常不好意思，翻譯說：「沒關係，他們不會介意。」一路上看到拿著祈福鐵罐的孩子不少，他們也不會見人就「燻」，但事後想想，孩子們用自己能力可及的方式賺錢，而且是祝福他人的儀式，我認為這是這個民族的善良，在社會中散播美好的因子。儘管可能大部分人會跟我一樣太多顧忌而不願接受。

我還是得換錢，既然沒有銀行，總有些換匯的個體戶吧。我被帶到一個含金量十足的「鈔票市場」裡大開眼界。它在一個圍成多邊形的建築裡面，要進去得先經過一個小隧道，有持槍的守衛看著，驗過身分才能通行。在建築外頭已經看出些許端倪，因為街邊一整排小販，賣的不是食物或用品，而是整疊整疊的鈔票，各國貨幣幾乎都有，有些還用大型塑膠袋裝著。

我問翻譯說：「這裡是黑市嗎？」他說：「不是，這裡換錢都是根據國際匯率去計算的，也是阿富汗銀行體系控管的。」實在太有意思了，眼前看到的是滿坑滿谷的鈔票，個體戶把錢握在手上，好一點的有張桌子可以放錢，更大的就在建築物內有自己的店面。裡面的人群擠成一團，喧鬧嘈雜至極，有時候你還得推開前面的人才能繼續往前走。我們採訪的當下，新冠肺炎疫情還沒完全結束，我的心裡七上八下，但當地人顯然不在乎。

手上有鈔票的人都在喊價，希望有人跟他們換錢。雖然他們跟我說這裡的匯率是根據國際價格浮動，但還是有些許差距，這些換匯商也就靠著這些價差賺取費用。當天我沒有看到任何除了我和攝影記者同事以外的外國人，到底誰會來換錢呢？我隨機找了一位我眼前的個體戶，我用一百元美金換，他給了我九千元阿富汗尼。同事劉伯奇找了另一位，同樣一百元美金，卻換得了九千一百元阿富汗尼。我說：「為什麼我換到的阿富汗尼比較少？」我眼前的大叔說：「因為你給的美金鈔票比較舊。如果是舊鈔或是上面有做任何記號的，價格都會比較低。」難怪他們在換鈔的時候，把我給他們的美金轉了又轉，前後仔細看了一輪，除了辨識是否假鈔，或新或舊，有註記和髒汙都會影響換匯的價格。

我訪問了這個換匯市場的主管，他們成立已經超過七十年，裡頭的換匯商都得先在銀行註冊登記。裡面看到的鈔票除了阿富汗尼、美金，還有伊朗里亞爾、英鎊、歐元、人民幣等，五顏六色的各國貨幣幾乎都有。過去美軍還在，還有遊客和外國企業在阿富汗，所以靠著換匯，光是個體戶一個月大概就能賺到五萬元阿富汗尼，換算成臺幣大約一萬五千元，這在阿富汗可以過上不錯的好日子。而改朝換代後，再加上阿富汗遭到制裁，外企撤離、遊客止步，收入大概少了三分之二以上。但我仍好奇他們還是有錢賺啊？管道是什麼？他們倒是相當低調。

塔利班洗腦式的訊息在國內發酵，我也深刻感受到。所到之處，都有人跟我抱怨美國凍結了他們的錢，讓阿富汗人的日子過得非常困苦。不管是在換匯市場、賣腎村、街頭訪問，以及商家企業的說法簡直都完美複刻：「美國應該把錢還給阿富汗。」當我訪問塔利班政權的外交部發言人，也是如此。

談判：塔利班重掌政權的轉變

標語或口號是政治洗腦的必備符號，不管是統治者對人民、示威者抗議獨裁者，或是反對派對執政者的攻擊，都得透過簡單、直接，而且容易朗朗上口的標語提高流傳和認同度，街頭的社會運動者也愛使用標語。回顧臺灣近代政治，在野政黨最愛罵政府「口號治國」，從扁政府、馬政府到蔡政府都被罵過。當然，只用標語或口號治國，終究會導致失敗，不可不慎。

在極權國家，政府罵不得，老百姓噤若寒蟬，對各項政策即使不滿也不敢公開發表反對意見。若是極權加上宗教治國，最高領導人根本是神龍見首不見尾，天天聽得到他的「教訓」，但普通人大概鮮少有機會見到「本尊」真實的樣子。

伊斯蘭國家對「符號」意象非常重視，精神領袖的頭像、各級領導人的照片、政府旗幟等貼滿大街小巷，甚至做成臂章掛在身上，雖然在神的領域，他們反對崇拜偶像，但在「人界」的表現，倒是崇拜得徹底，反正領導者是人不是神，可以盡情地崇拜。許多在街頭執行安檢任務的塔利班士兵，在臂膀上貼上了國防部長穆罕默德．雅庫布（Mohammad Yaqoob, ملا محمد یعقوب）的頭像，他是塔利班組織創始人穆罕默德．奧爾瑪（Muhammad Umar, ملا محمد عمر）的兒子，對這些塔利班的基層士兵而言，支撐著他們拚命的，就是這些精神領袖。

為了建立威信，塔利班在全國各大城市都揚起了代表塔利班的新國旗。塔利班旗是全白底，上面寫著清真言：「萬物非主，只有阿拉，穆罕默德是真主的使者。」。國徽也隨處可見，兩把刀象徵軍人，麥穗是農民，齒輪是工人，萬物皆以可蘭經為中心。不過除了國旗和國徽，重返執政的塔利班，和二十年前第一次掌權時到底有什麼不同？

我們大概是全臺灣第一間和塔利班直接打交道的媒體。進到了阿富汗，我們當然得直搗核心，想辦法問到被全世界視為恐怖組織的塔利班領導層。在出發前我就向塔利班政府內部人員提出申請，第一時間我沒有得到正面的答覆。過程中我釋出極大誠意，保證中立報導，不帶有西方觀

▲阿富汗警局內接受調停衝突的民眾圍坐一圈，警官也是法官，在詢問各方說法後做出判決，若事件嚴重性太高，才會再往上送進法院，但塔利班組織內的法院系統並非如先進國家，而是由聲望權力較高者依照教義判斷結果。

點，忠實呈現塔利班想傳達的訊息，但也表達我還是有些民主社會認為的「普世價值」問題得問。

經過數週的來回，我終於取得了外交部發言人 Abdul Qahar Balkhi 同意受訪的回覆。

塔利班的外交部外牆的標語，挺有意思，「希望能夠和全世界建立正向且和平的關係。」我滿確定這是在塔利班執政後才出現的標語，非常符合新塔利班的思維，可惜的是，全世界在過去幾十年來西方媒體的報導再現中，都是以恐怖、兇殘、發動殺人攻擊等形象出現，我相信身在號稱「民主」國家中的人民，有九成以上認為塔利班不可信任，該被制裁。這些民主國家當然包括臺灣在

▲塔利班在西方電影中的形象，就是皮卡車搭配坐在後方持槍追殺主角的恐怖份子。此行採訪和警方高層交涉，讓我們搭上警用皮卡車，隨著塔利班基層員警巡邏。塔利班擅於打游擊戰，但因為組織體系未如政府完整，照片上的巡邏士兵，也是警察，由當地「警察局」統一調配。

內。

要進入塔利班政府部門大樓，有層層安檢關卡，比起多數國家都還要嚴格，我不確定是否在前政府時期就是如此。約定採訪 Abdul Qahar Balkhi 當天，我們到了外交部外頭，還不能立即下車，翻譯先行交涉，至少花了半小時。安全官確定我們是獲准採訪的媒體，在大門就得先交出護照查驗身分，卸下身上的背包、採訪設備，全部檢查一輪，當然還有金屬探測門，這只是第一道關卡。

通過安檢，我們終於進到了高牆之內，裡面的世界迴然不同，占地之大讓我有些驚訝，有草坪廣場、有樹木，宛如阿富汗的世外桃源。三三兩兩的工作人員穿梭走動，我們轉個彎進到了另一道門，又是個安檢站，真正進到大樓裡，一共通過了三道檢查關口，只差沒脫光而已。

Abdul Qahar Balkhi 大小會議不斷，我們的採訪似乎是卡在兩個會議的中間空檔。我們進了大樓後大約又等了半小時才總算見到了 Abdul 本人。一九八八年出生的 Abdul Qahar Balkhi，傳著傳統的阿富汗男性服裝，接受採訪當時只有三十三歲，滿臉的鬍子沒有讓他顯得老氣，反而多了些政治人物該有的權威感，但他看起來是斯文的，而且受過高等教育，標準的英文腔調，讓我一度懷疑自己正在訪問的對象不該是塔利班成員，這當然也是來自我個人的偏見。

在見到 Abdul Qahar Balkhi 之前本來有些緊張，不斷想像著萬一講錯話，或是問了太尖銳的問題，會不會被就地正法或是惹怒了對方被關押起來，就連我身為第一線的記者，都會被過去西方媒體報導「塔利班凌虐記者」的新聞影響。但顯然我的擔心是多餘的，Abdul Qahar Balkhi 一現身就客氣地打招呼握手，讓我安心不少。

Abdul Qahar Balkhi 先是說著他們和二〇〇〇年執政的塔利班的不同，以正常國家的運作方式，努力著和鄰國以及國際社會建立關係：「我們和世界的連結可回溯到九〇年代，現在還持續進行，我們和各方的關係都有進步，我們和國際社會的對話和關係有了更多的了解，大家也更知道阿富汗是什麼樣的國家，我們可以如何進一步發展，所以塔利班一直在進步，我們目前和世界的關係是非常正面的。我們嘗試建立正常化的國家，和不同國家有正常的外交關係，人民之間也能正常互動往

▲Abdul Qahar Balkhi是塔利班外交部發言人，經常在塔利班與國際協商談判場合中出現，是塔利班培養的未來接班人之一。他受過高等教育，英文流暢，塔利班對國際媒體的發言和訪談，大多派出Abdul Qahar Balkhi。我們也是臺灣唯一訪問到塔利班官方高層的媒體。

來。」

「顯然美國政府對你們不夠信任，拜登政府甚至凍結你們的海外資產、對阿富汗實施經濟制裁，你覺得你們還能有效地和國際互動嗎？甚至想要和美國建立正向關係嗎？」我問。

「我們不只想和美國建立關係，也想和世界各國建立友好關係，我們對阿富汗的期待就是和平的發展，不論是在國內或國際，塔利班的政策就是以經濟為中心，這是根據經濟和政治雙主軸的發展，當然也期待人們更了解阿富汗，甚至投資阿富汗，讓阿富汗變成亞洲的轉運中心，通往世界各國。」

我不確定這是 Abdul Qahar Balkhi 的個人期待，還是塔利班整個領導層的想法，聽起來是頗有野心，卻極具難度。光是要改變外界

▲國際組織曾經進入阿富汗鄉間推廣衛生安全用水知識，以及提供各項援助，但隨著塔利班執政，有許多計畫被迫暫停。

的刻板印象，或是要塔利班放棄既有的嚴格律法，服膺國際社會的期待，塔利班有可能妥協嗎？更何況阿富汗百廢待舉，基礎建設薄弱，教育普及度低，都是大問題。還有阿富汗的經濟體系幾近崩潰，被西方國家制裁，種種政治現實，都讓塔利班想就地轉正的合法統治窒礙難行。

「美國凍結了阿富汗央行的資金，這些錢都是阿富汗用來維持國家正常運作的。美國的作法違反了國際原則，毫無正義可言，我們絕對會持續爭取國際認同，要求美國無條件解凍阿富汗資產。」提到了錢，Abdul Qahar Balkhi 就把矛頭指向了美國。

「不過整個世界看的不只是你的政治運作，你們對女性的限制，不讓他們上學、就業，甚至無法自由行動，都和民主社會對人權的價值有極大落差，這樣要如何說服大家，認同你們呢？」

「所有人的權利或權力，在伊斯蘭教義中都很清楚，我們作為一個政府，也對外清楚闡明立場，不管是男人、女人，或是兒童，我們都給予尊重，我們不會去管其他國家的政策該怎麼做，但我們會持續執行能夠推動我們國家前進的政策。我想其他國家也應該對阿富汗給予更多的尊重。」Abdul Qahar Balkhi 顯然避重就輕，他以尊重為由，輕輕帶過極端伊斯蘭律法對女性的控制，雖然國際政治的談判有進有退，至少我相信人權這一點沒有太多模糊空間。

溫文儒雅的 Abdul Qahar Balkhi，帶著一副眼鏡，說話語氣相當平穩，沒有戲劇性地高低起伏，甚至平淡得有些無趣。但即使如此，他的態度非常堅定，眼神直視著我，毫無飄忽轉移。這難道就是外交人員的溝通技巧？誠懇得讓你不得不相信，他現在說的和做的，就是新一代塔利班的理念，和二十年前早已不同。

Abdul Qahar Balkhi 告訴我，他十九歲就加入塔利班，曾經在戰場上為了他所信仰的真理而戰，幫塔利班的領導者打天下。現在終於執政了，他的任務則是要爭取世界的認同，因此在塔利班和各國的外交談判中，經常可以看到他的身影。他自嘲著說，阿富汗男人看起來都比較老，自己也是如此，但這是有原因的：「戰爭和苦難讓人看起來老得更快，尤其是在心智上，因為年輕人都必須去面對在他們年紀不該遇到的事情，他們會看到許多不該看到的。」Abdul Qahar Balkhi 突然感性了起來。

我深刻感受到 Abdul Qahar Balkhi 在講這幾句話的時候，已經無關他是否塔利班成員，這些話不是在為他的組織而說，講的是生活在這塊土地上的人生。我不知道自己是同情還是佩服他，我們認識的年紀他才三十三歲，比我還年輕，卻經歷無數的殘酷殺戮、承受來自各國的指責壓力，但眼前的他看起來卻似雲淡風輕。我相信他絕對是塔利班培養的未來領袖人選之一。

我準備了禮物，送給 Abdul Qahar Balkhi。我在出發前就知道阿富汗人愛喝茶，於是準備了臺灣茶葉罐。Abdul Qahar Balkhi 說阿富汗人都喝綠茶，如果是紅茶他就不收了，現場立刻爆出大笑，幸好我準備的是綠茶。我問他是否能夠合照？他說：「為了你，我可以合照，其他人的採訪場合我都不和人合照的。」

塔利班，是殺人如麻的「恐怖組織」嗎？我突然覺得這樣的封號似乎太沉重了。

第三章　失控的聖戰——伊拉克

Iraq

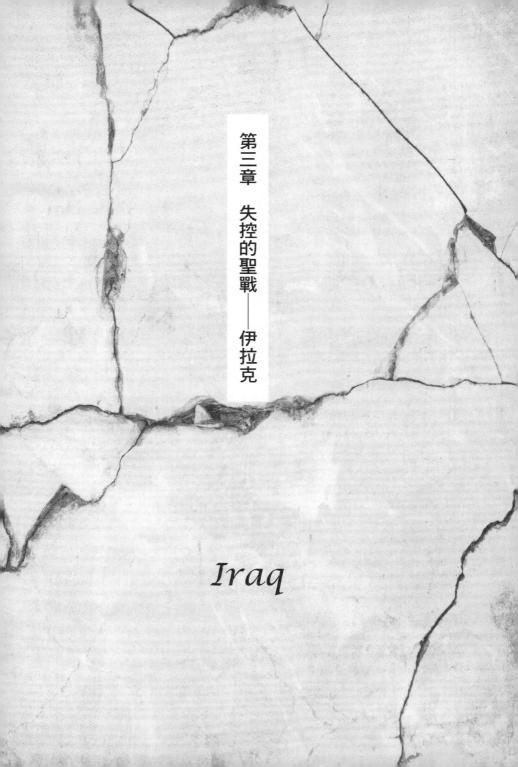

扎胡
達霍克
馬哈巴德
辛賈爾
摩蘇爾
艾比爾
基爾庫克
蘇萊曼尼亞
地中海
伊朗
敘利亞
黎巴嫩
巴格達
魯特拜
伊拉克
卡爾巴拉
庫特
納傑夫
色列
納西里耶
阿爾阿爾
巴斯拉
約旦
沙烏地阿拉伯
科威特
波斯灣

真要提到最令人聞風喪膽的恐怖組織，我個人認為還是歸「伊斯蘭國」（The Islamic State, IS）莫屬。接下來的章節，是我進到了曾經被伊斯蘭國入侵的城市親眼所見，甚至跟著政府部隊直擊與伊斯蘭國的巷戰。走過這幾趟，我深刻感受臺灣人的幸福與安逸，但也想問在這塊伊斯蘭土地上苦難人民所信仰的真神，考驗要到什麼時候呢？

油田：直衝天際的火焰

我習慣稱伊斯蘭國為ＩＳＩＳ，這個組織的名稱有過多次變動。最初叫做「伊拉克和沙姆伊斯蘭國」（Islamic State of Iraq and al-Sham）簡稱就是ＩＳＩＳ；後來又稱「伊拉克和黎凡特伊斯蘭國」（Islamic State of Iraq and the Levant）簡稱ＩＳＩＬ；最後才由他們的最高領導人巴格達迪（Abu Bakr al-Baghdadi）定下「伊斯蘭國」（The Islamic State）國號，這個在二〇一四至二〇一六年間幾乎無人不曉的國際恐怖組織。

伊斯蘭國成立的時間非常早，活躍在伊拉克和敘利亞一帶，聲勢壯大後，吸納來自世界各地的追隨者、傭兵甚至女性，進到他們中東號稱的國土，成為伊斯蘭國的國民。但有更多遠距的精神效忠者，藏身在世界不同角落，透過網路連結，在現實生活中發動突襲，這是最讓人們害怕的。

伊斯蘭國有完整的組織架構，他們的終極目標就是圈地建國，因此四處攻占，在伊拉克和敘利亞鄰近地區一度宣稱建立了國家，首都是敘利亞境內城市拉卡（Rakka），第二大城是伊拉克北部城市摩蘇爾（Mosul）。領土範圍還包括周邊的小城市。如果對伊斯蘭國的起源和組織運作有興趣，已經有許多書籍詳細解析，此書將不贅述。

為了讓「國家」有足夠的資金運行，有薪水發放，伊斯蘭國必須有錢入帳，因此占領油田是他們的必要手段之一。他們在伊拉克北部多個油田城市攻城掠地，掌控油田的開挖。但是伊斯蘭國被國際社會認定為恐怖組織，遭到制裁，這些油到底能賣給誰呢？我心中打上問號，真的有人會跟恐怖組織做生意嗎？雖然沒有掌握證據，但我進到了伊拉克後，當地人告訴我，伊斯蘭國成員用簡陋的採油設備和油管，再以低於行情價的價格薄利多銷，這讓他們賺進大把現金。

「黑金套利」體系到底是如何運作的？至今沒有人完全知道，就算要買伊斯蘭國販售的廉價精純石油，也得神不知鬼不覺。曾經有國際媒體報導，俄國總統普丁指控土耳其向伊斯蘭國私下購買石油，貪圖低價而罔顧國際社會對恐怖組織的抵制，但是被土耳其政府嚴正駁斥，甚至反控俄羅斯支持的敘利亞阿薩德政府，就地利之便不斷向伊斯蘭國進貨，俄羅斯根本就是「幫兇」。

黑市裡的交易和權力結構，本來就見不得光，但是在伊斯蘭國領土所及之地和周遭地區，多數民眾本來就生活窮困，有民宅取暖所需的發電機要用、有做小本生意的店家，還有需要大量柴油的卡車司機等等，若有更便宜的油可以用，何樂而不為？他們根本不在乎源頭賣油的是合法開採的正人君子，還是燒殺擄掠的流氓。

二〇一六年，伊拉克政府發動圍攻摩蘇爾行動，要從伊斯蘭國手中搶回失地，伊拉克政府軍和庫德族民兵罕見地減少衝突，各自為剿滅伊斯蘭國武裝成員而努力。透過 Fixer 的居中協調，我前往被大火燒了將近半年的蓋亞拉（Qayyarah）油田區採訪。

蓋亞拉油田在承平時期一天可產油三萬桶，為伊拉克政府帶來每日上百萬美元的進帳，也是伊斯蘭國重要的經濟命脈之一。二〇一六年中，伊軍大舉反攻，伊斯蘭國自知不敵，撤退之際順手放火，燒了好幾口油井，周圍城鎮隨即陷入黑暗生活。

通往蓋亞拉的道路，有一段相當筆直，兩邊沒有太多建築，因此遠方的天空看得非常清楚。但與其說是天空，不如說是厚厚一層灰黑色的煙塵，我在數公里外看到的天際線，

▲蓋亞拉油田烈焰沖天，推土機來回穿梭，採訪團隊稍微靠近拍攝就能感受高溫難耐。

被橫向綿延的黑煙給罩住了，我驚訝於它分布的範圍之廣，讓黑煙即使看起來遠在天邊卻也沒有盡頭，我只有一個念頭，黑煙下的生命是如何存活的？

隨著我們越來越靠近油田，嗆人的刺鼻味也越來越重，早知道這裡的空氣糟糕，我們預先準備了口罩。當地人可沒有這種「裝備」，對周邊小鎮民眾而言，口罩從來不是生活用品，大概只有醫護人員會戴；他們也沒想過會有人發狂到火燒油田，這等於是把現金丟進火堆裡。這就是伊斯蘭國的特性，玉石俱焚是常態，或是「我得不到的你也別想好好享受」。當他們眼看自己搶下來的油田要被伊拉克政府軍給收回時，就先將它毀滅。

我們已經事先獲得採訪許可，在消防人員的帶領下進到了油田區。看到眼前的景象，我的直覺反應是：「這是電影《悲慘世界》的場景吧？」開闊的空間中你感受不到新鮮空氣，臭氣黑煙瀰漫，即使是在大白天也仍然毫無明亮感受，陰暗到令人絕望。從油井裡竄噴出來的火焰，八、九、十層樓高都有可能吧？消防人員站在通紅的火堆前，顯得如此渺小，這樣的火要怎麼滅呢？

「這火看起來根本滅不了，你們有什麼計畫呢？」我看著現場兩部完全起不了作用的消防車，對這些消防人員要如何作業毫無概念。

「這是最大的油井，我們在這裡一次紮營七天，不斷輪班來滅火，過去油井著火的經驗，至少得要七到十天才能滅，大一點的甚至要到一個月，但這口井已經燒半年了。」領班的消防工程師 Safaa Hameed 告訴我。

「你們沒有請求協助，用更有效率的方式來滅火嗎？」我實在太困惑了。

「伊拉克政府也沒有什麼更先進的方式了，而且其他國家現在也沒有辦法來幫我們，所以我們就只能靠自己。」消防員雖然無奈，但倒是很清楚這就是自己的工作。

我不知道當下如果下一場大雨，對他們是否會有幫助，但顯然他們並沒有像我一樣有這種不切實際的期待。他們每天用消防車載水倒進水槽，然後接上管線朝著油井周邊噴灑降溫，但是和沖天烈焰比起來，這水量之微弱我並不認為可以發揮多大的作用。他們還有另外一個土法煉鋼的滅火方式，就是開著怪手倒油井邊，把周邊的土一點一點地挖起，再丟進油井裡，但以這速度，要到何年何月才能奏效？而用消防車的水來幫怪手降溫也是消防員的工作之一。

我們為了拍攝的需求，刻意往油井靠了一點，但至少也還有七、八十公尺的距離，當時我和攝影都已經覺得高溫難耐，但當地的消防人員得更靠近火焰，這樣才能把土推進去，把水灑到周圍。中午休息時間，他們在距離約兩百公尺外的空地拿出食物用餐，配著原油燃燒難聞的氣味，任何食物都已經沒有味道了。

我站在油井周圍，可以明顯感受到有顆粒不斷地打在我身上，剛開始我並不以為意，但待久了卻越來越多。我撥了一下頭髮，這才嚇到，掉在我身上的是瀝青吧？頭髮早已布滿黏稠的黑塊，我往我身上看，衣服也沾滿了黑點，眼前的汽車更慘，擋風玻璃和車身滿是原油高溫燃燒後產生類似瀝青的物質，光要清理就得花上好一番功夫。

我站在小土丘上望著遠方，黑煙四處竄升，像是無數個黑龍捲，席捲這塊無垠的大地。消防員告訴我：「前面你看到很多處油井著火，我們都還沒有辦法靠近，因為伊斯蘭國離開的時候，都會在周邊埋設地雷，所以要滅火還得先掃雷，否則會有更嚴重的傷亡。」我記得我當時皺著眉頭，腦袋裡還是那四個字：「悲慘世界」。不只是現實世界，更是人性的極致黑暗。

有一幕我永生難忘，在準備轉進油田的周邊小路上，我們巧遇了一名牧羊人趕著綿羊前進。我很確定這些羊的毛色，就算不是純白，但也絕對不是自然的灰黑。因為小鎮被黑煙籠罩數月，不斷掉下粉塵顆粒，把這些羊群都染黑了。我請駕駛停車，訪問這名牧羊人，他憤怒地說：「我每天早上起來，就要看到幾隻羊死掉，全都是因為這些黑煙和毒氣，我還能怎麼辦？只能把羊的屍體丟掉。我們也需要人道救援，還有這些動物很需要獸醫來幫忙。空氣品質這麼糟，動物生病，人也生病，我們卻求助無門，連要政府幫幫我們都沒辦法。」

牧羊人滿是無奈、語氣激動，就連被燻黑的羊都不知道該不該吃路邊的雜草果腹。

圍攻：摩蘇爾的困戰

摩蘇爾在二〇一四年被伊斯蘭國攻陷，並要求當地的基督徒改信伊斯蘭教，大收宗教稅以維持「國家」運作，並且對反抗者大開殺戒，血腥殘暴的威脅手段嚇得許多人即使是穆斯林也不敢繼續再待下來，第一波就引發了超過五十萬人的逃亡潮。鄰近摩蘇爾的庫德自治區，一下湧入了來自摩蘇爾的大量難民。

摩蘇爾橫跨底格里斯河兩岸，是伊拉克第二大城。亞述帝國在這裡建尼尼微城，人類文明的發源地之一。歷經波斯、馬其頓、阿拉伯、蒙古，及鄂圖曼等帝國的更迭統治，摩蘇爾匯集了各代各族的多元文化，本來應該是滿滿的文明底蘊，卻不想在伊斯蘭國的侵略後被破壞殆盡。底格里斯河的上游有水壩，尤其是摩蘇爾大壩，提供城市的水力發電，也灌溉農田，是民生所需，

早在二〇〇三年美軍入侵伊拉克後，放任其境內不同教派相互衝突，引發各種動亂，已經逼得不少民眾逃往鄰國或西方國家尋求更安穩的生活。摩蘇爾和伊拉克其他大城一樣，長年以來都有或大或小的武裝衝突發生，而伊斯蘭國就是在這樣的環境中被滋養茁壯，最後成為全世界都害怕的極端組織。

二〇一六年，伊拉克政府軍在美軍的支援下發動解放摩蘇爾行動，一波波攻擊，從城市外圍到核心地帶，把伊斯蘭國的勢力逐漸消滅，這一場硬仗打了至少九個月，才順利讓摩蘇爾又回到伊拉克政府的管轄之下。雖然城市的重建工作進度緩慢，但曾經逃命離家的人們慢慢回來了，生活也逐漸恢復正常。我不知道哪來的勇氣，二〇一六年底，要求 Fixer 試著幫我安排政府軍在前線的作戰行動採訪和拍攝，因為我很想知道政府軍在最前線的作戰實況。

交涉工作一直持續到我們準備挺進前線的前一晚才確定，我能理解軍方的立場，媒體想要拍

▲跟著家人逃出摩蘇爾的小男孩，在邊境等待被救援至難民營的期間，那著手槍把玩。採訪團隊無法證實他拿的手槍是否為真槍，但是在中東戰地，槍枝氾濫流通，甚至還有軍武黑市，要取得槍枝並不難，許多人擁槍維護自身安全。

攝最即時的場景，採訪動態的戰爭過程，以及困在戰場中的人們，但是多一個人進入戰場，他們的風險就高一分，因此得細細評估，這是生死攸關，不是玩戰爭電玩遊戲，死了還能再重頭來過。

為了進入戰場，我們轉了兩次車，我們先是到了摩蘇爾郊區一處村莊的外圍，搭上一輛廂型車，車上還有兩名西方媒體同業，都是知名的歐洲和美國媒體。我原以為他們會跟著我們一同衝進戰場，但到了下一站，他們就停了下來，說會等著部隊出來提供畫面給他們。

每一場戰爭都有「攝影官」，不管是哪一個陣營，就算是伊斯蘭國也是如此。因為拍下畫面，他們才能夠大肆宣傳英勇事蹟，所以一場戰事各自解讀，任何地方皆如此，就像我們之前提過的以色列和巴勒斯坦的風向操作。我當時心想著，這些國際媒體真是聰明，既能保全自己的生命安全，又能取得戰爭前線的一手資料。不是跟部隊拿，就是聘請當地人跟著軍隊出生入死拍攝畫面，這是強大資本主義市場下的媒體優勢。

我的 Fixer 問我，確定還要繼續往前進嗎？我點點頭：「走吧，都到這裡來了。」於是我們告別了那兩位同業，跳上了部隊來接我們的皮卡車，我和這一趟的兩位攝影夥伴張峻德及張哲儒都坐在後方車斗，車上插著一支大大的伊拉克國旗，皮卡車疾馳在顛簸坑窪的戰地小路上，伊拉克旗快速飄揚拍打空氣發出啪啪聲響。

皮卡車車速慢慢放緩，最後轉進一條巷子停下。路邊一輛軍方的廂型車，裡頭有好幾架螢幕和各項空拍以及監測器材設備。伊拉克軍方就在外圍透過空拍，掌握巷弄建築的即時動態，以及伊斯蘭國武裝分子是否出現或是意圖發動突襲。

在伊拉克的戰場上和伊斯蘭國短兵相接的，不只是正規的軍隊，還包括警察部隊，他們是經過特種戰術訓練，擅長在城市的巷戰中和敵人廝殺。巷戰不像空襲會瞬間造成大範圍的死傷和破壞，但是一旦進入巷戰，就得考驗地面士兵的作戰能力和反應速度，因為城市裡的建築和圍牆能提供遮蔽埋伏，你不知道對手什麼時候會發射火箭彈，或是已經在何處埋設了地雷、炸彈等。

我們在巷子裡和警察部隊的指揮官終於見到面了，他表情嚴肅地告訴我們：「我必須要先提醒你們，一旦進入戰場，我們就無法保證你們的安全，你們如果發

▲採訪團隊隨指揮官進入戰爭前線，為確保安全並避免影響士兵作戰，我們必須嚴格遵循指揮官的行動指示。然而，指揮官也提醒我們，一旦遇到危及生命的情況，他們無法完全保證我們的安全。

生意外，得自己負全責。這樣你們還打算進去嗎？」

怎麼我腦袋裡就冒出了投資理財聲明一般：「投資有賺有賠，申購前應詳閱公開說明書。」指揮官的這段話讓我開始緊張了起來，因為裡面的風險無法完全掌握，最能避開風險的就是不要進去。而且跟我同行的還有兩位夥伴，我也得確定他們的意願，於是我轉頭問阿德和哲儒，一旦衝進去就生死由命了，他們是否真的願意進去？

顯然我的兩個夥伴都勇氣十足，並沒有想打退堂鼓。於是我問了指揮官一個現在想起來都很蠢的問題：「你們現在打得很激烈嗎？」在我們對話的當下，遠遠地我持續聽到槍聲和爆炸聲。指揮官回我：「戰場裡面的狀況瞬息萬變，我們沒辦法告訴你實際會是如何，就只能隨機應變，保持高度警戒和彈性。」當然，非常合理。我說：「我們要進去。」我盡量讓自己的態度看起來很堅定負責，但其實心跳速度已經逐漸加快。

指揮官這時候又提供了一個選項：「你們如果不進去也沒關係，我們會有人隨時攝影，可以把作戰的影片提供給你們報導使用。」我當下覺得指揮官在嘗試勸退我們，深怕我們受傷，或是成為他們的負擔。但我沒有思考太多，回他：「我們希望能夠在確定不影響部隊作戰的前提下，跟著你們進入戰場，這會是非常有意義的前線第一手報導，過去臺灣沒有媒體這麼做過，當然還是要你們願意。」我其實也擔心在真槍實彈的戰場上變成了拖油瓶，造成部隊的傷亡。

我的 Fixer 曾經幫美軍工作過，戰場的生態他已經很熟悉，對他來說跟著部隊出生入死並不是什麼大問題，他甚至不需要穿防彈衣。我和指揮官的對話都是透過 Fixer 翻譯，而這些對話都是在非常短的幾分鐘內來回，沒有太多時間讓你猶豫。

終於，指揮官拿出手機，打開攝影功能朝著我拍，他說：「我現在要確定你是自願跟著我們進到戰場，如果發生任何意外，我們部隊不會有任何責任，你們確定要進去對嗎？」原來，在戰地沒有紙筆畫押，直接用錄影的立下生死狀。「對，我們是自願要進去的，所有安全問題我們都會自己負責。」就這樣，我們三個身上穿著防彈衣，開始採訪工作。

一件防彈衣大約七、八公斤重，前胸後背兩片鋼板是保命符，我們全程穿

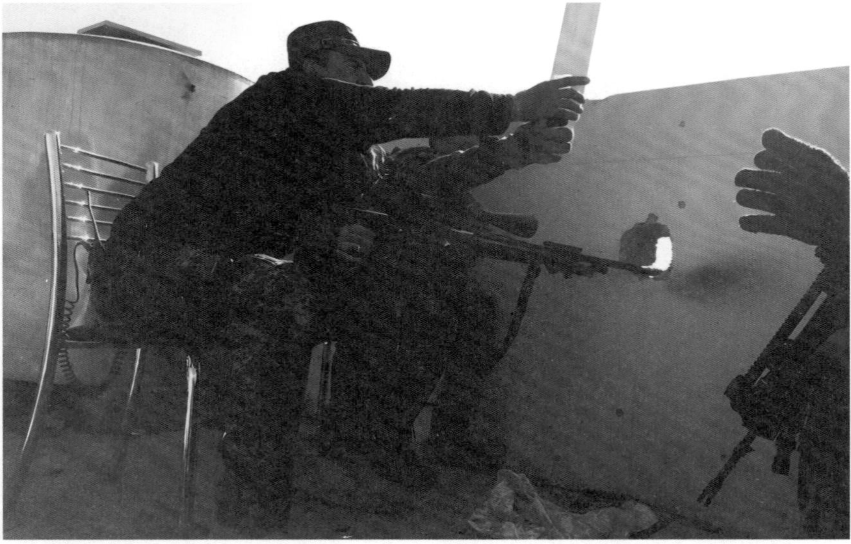

▲摩蘇爾市區內，伊拉克警察部隊正和 ISIS 對峙，他們利用民宅頂樓座位狙擊制高點，由於軍事裝備不足，他們只能在女兒牆鑿洞，用塑膠桶自製觀測鏡，利用鏡子的反射監控外圍的動靜。中東許多戰場的第一線，就是用極度克難的方式交戰，擊斃敵人搶下武器做為自己的裝備是常態。

著。指揮官收起手機，叫我們緊緊跟著他，我們穿過幾棟建築，槍砲聲越來越大，我們已經進入了真實的戰爭場域。沿著建築的圍牆，我們壓低身體快走或快跑，要過馬路或是空地時只能用跑的，慢慢走可能會被建築物裡的武裝分子鎖定攻擊。

當下的環境裡，我聽到了機關槍連續擊發的聲音、步槍子彈一顆一顆打出來的聲音，還有低沉帶有威力的爆炸聲，但我根本不知道他們是在哪個方位，好像環繞式音響發出來的巨響在你腦袋四周竄著繞著，這不只是「逼真」，而就是「真的」。

我們得跑跑停停，不能一直待在戶外，必須躲進屋內。警察部隊的成員分散在不同的建築物裡，多數建築早被摧毀得不完整，但只要牆面還在，就能作為掩體。我一棟房子的後院，有一群士兵聚集，他們輪流站哨，也互相提醒周邊突發狀況。

其中一位看起來年紀不到三十歲的年輕警察，見到我們很興奮，他掀起衣服露出肚子上的疤痕，驕傲地說：「這個傷口是被子彈打到的，但現在已經好了。」我當時充滿了同情與敬佩，他們是為國、為自己人民而戰，就算曾經走過生死關頭，復原後又毫不猶豫地回到戰場。我同情是因為他們並沒有先進的武器，更沒有良好的防護裝備，並不是每個人都能穿上防彈背心和頭盔，多數士兵是什麼都沒有就上戰場了。另一位士兵拿起防彈衣，和我們的比起來，他手上那一件早就破舊不堪，甚至露出鋼板，鋼板上還有個凹洞，是被子彈打過的。

摩蘇爾雖成為戰場，仍有不少百姓住在自己的家裡沒有離開。指揮官帶我們進了一戶民宅，裡面住了一家七、八個人，老先生曾經是當地的小官員，在伊斯蘭國入侵後，財產幾乎被迫上繳，本來能夠持槍自保，但武器也悉數被沒收，還能保住房子算是大幸，一家人至少還能聚在一起。

「伊斯蘭國進城的時候把我弟弟抓走，關了二十五天，我弟弟被吊起來折磨，差點就死在他們手裡，不過幸好活了下來。我還有另外一個弟弟，本來是警察，同樣被伊斯蘭國武裝分子逮捕，他被釋放的時候全身瘀青，遭到嚴重的虐待。」老先生說著自己家人因為不服從伊斯蘭國的規定而遭受的待遇。

「自從伊斯蘭國統治摩蘇爾後，我就不讓我的孫子和孫女上學了，因為學校裡的課程全都變了。你看他還這麼小，就要上軍事訓練課程，要教他們如何開槍上戰場。」老先生指著才十幾歲的孫子，言語中滿是憤怒。一旁本來應該上大學的孫女，高中時被迫輟學，在家裡躲了幾年。而老先生自己身形瘦弱，他說二〇一四年伊斯蘭國進到摩蘇爾後，生活就承受龐大壓力，消瘦了二十幾公斤。

我們在屋內採訪，搭配著戶外的砲彈爆炸聲當背景音，好幾個瞬間，我沒辦法好好專心聽這家人在說什麼，因為聲音之近，就像在十公尺外爆炸而已。我腦袋裡只想著，會不會正好有個砲彈射進屋子裡來。

戰爭期間，許多老百姓讓出房子供伊拉克部隊使用，頂樓是重要的據點。我們上到一戶民宅的屋頂，幾名士兵蹲在牆邊守著，其中一位叫我靠近，從女兒牆的洞口看出去，幾百公尺外一間粉色的屋子，就是伊斯蘭國成員躲藏的地方。另一個角落，則有士兵把槍架在牆上，槍口朝外，支援地面的弟兄們，如果發生衝突，會有來自上方的火力支援。這些士兵手上拿的步槍，槍柄上還有伊斯蘭國的徽章，因為武器匱乏，雙方只能互搶武器，只有殲滅敵人，才能增加自己的軍火實力。

我在第一線看到的伊拉克部隊，沒有整齊的軍服，軍事裝備也相當薄弱，面對伊斯蘭國的詭譎多變，他們幾乎都是靠著經驗來應變。我們上到了另一棟建築的屋頂，狙擊手正瞄準著他們的目標，他們手上拿著簡易的探測鏡，塑膠管子上裝著鏡片，伸出牆外，用鏡子看看牆後的動靜。我們必須蹲得比女兒牆還低，否則遠方的敵人就能輕易瞄準，開槍爆頭。

▲採訪團隊在摩蘇爾前線，伊拉克警察部隊正和 ISIS 激烈交戰，突如其來的爆炸巨響，讓採訪團隊嚇得彎腰躲避，但顯然以色列軍人早已習慣，甚至笑我們太膽小。

指揮官告訴我：「我們正在近距離作戰。這附近還有五名伊斯蘭國成員，從第二階段的作戰行動開始，我們這個小組已經擊殺了九人，附近的居民會給我們情報，這些伊斯蘭國成員有一些是從敘利亞來的，也有阿富汗和其他國家加入的。」

忽然，狙擊槍射出了子彈，我蹲在槍手旁邊，瞬間耳鳴，就像動畫裡一道閃電穿過頭部，接下來的幾秒鐘，我只能聽到腦袋裡嗡嗡的高頻聲響，極不舒服。回過神後，狙擊手又開了兩槍，我問指揮官：「這槍聲這麼大，不就暴露了你們的位置嗎？」他還來不及回話，突然用手掩住鼻子，現場出現一陣騷動。我聽到 Fixer 急促的聲音：「快走，快走」。

我來不及反應到底發生了什麼事，我只看到所有士兵轉身往樓梯口跑，我也跟著跑，同時叫阿德和哲儒趕快進屋裡，在混亂中，我聞到了一陣刺鼻味，我終於意識到是毒氣飄了過來。有經驗的指揮官很快就察覺到空氣中的異味，在最短時間內疏散頂樓的人員，我在撤退過程中被塞了一條沾了水的溼毛巾，他們用手示意我把毛巾摀住鼻子，衝進屋內。

伊斯蘭國狡詐，他們不只用槍砲攻擊，還會製作化學武器，但顯然這些伊拉克部隊早有經驗知道如何應對，他們沒有防毒面具，只能用最陽春的方式來保護自己的性命。我們聞到的是氯氣，幸好濃度不足，但如果吸進大量這些氣體，會對身體造成一定程度的傷害，部隊士兵告訴我們：「敵人用迫擊砲發射氯氣和胡椒混雜的填充物，試圖讓我們的士兵身體不適，降低戰力。」

如果這些化學武器飄進老百姓的家中，不知道他們會不會有足夠的能力自保。但刀槍無情，不會挑人攻擊，在密集的城市戰中，總還是會有平民遭殃。伊拉克部隊成員大部分都有簡單的醫療急救能力，止血包紮是必備技能。我們在一間屋裡看到被流彈波及的人送進來，滿身鮮血，怵目驚心。也有受傷的孩子被心急的家長送進急救站，沒有麻醉藥劑就要動手術，嚎啕的哭聲讓人心碎。

這一天的採訪，大概是我此生運動量最大的一次。穿著防彈衣東奔西跑，明明是冬天，汗水卻已經浸溼了衣服和褲子。加上四周槍砲飛竄的壓力，幾乎讓人筋疲力竭。當採訪告一段落，指揮官叫我們擠上裝甲車，讓士兵送我們回到巷口。裝甲車狹小的空間裡只有兩個座位，除了駕駛座外，我和阿德、哲儒以及 Fixer 全擠在剩下的位子。另外還有一名士兵站著，探出裝甲車頂，手握機槍，就怕有敵人突襲。

回程，我體力耗盡，在採訪車上頻頻發抖，我以為是因為當地氣溫太低。但身體反應越來越不舒服，我知道我發燒了。回到飯店立刻吞了兩顆感冒藥，打開熱水沖十幾分鐘。我在想難道是我吸進了太多毒氣，身體開始出現作用了嗎？我該不會就要死在伊拉克了吧？疲憊的我還來不及交代什麼就沉沉睡著了。

醒來，已經是隔天清晨，我還活著。

越界：穿梭邊界的人脈

要進伊拉克採訪，對臺灣電視媒體來說是困難的，但並非不可能，得先找到伊拉克的企業或組織擔保，發出邀請信，再向伊拉克政府申請採訪簽證，給不給就看簽證官的心情。這是循正規管道，較有保障也不用怕被驅逐出境。我本來想從巴格達進伊拉克，偏偏採訪簽證就是下不來，這是我們在中東國家最棘手的一關。

因為中東國家普遍和中國友好，因此就算我們取得了簽證，也會被標註為中國。對於以採訪為目的的我來說，簽證只是一個讓我們能夠進入當地的工具，我不會在國籍的問題上過度計較。我走進了市集，遇上了民眾，如果他們好奇問我是哪裡來的，我還是會說臺灣。出國採訪，保持彈性是必備的原則之一。

這一趟伊拉克之行，我不是從巴格達取得簽證，而是從北部的庫德自治區入關。此趟重點採訪之一的摩蘇爾，也在伊拉克北部，評估之後，雖然有風險，但如果能找到夠力的 Fixer，還是值得一試。只是這個 Fixer 要從哪裡生出來呢？

在此之前，我還沒有到過伊拉克，透過朋友介紹了一名土耳其友人，他的朋友在庫德自治區的大學任教，本有意介紹給我當 Fixer，可惜時間上無法配合，但也轉介了另一名朋友給我，而這位就是我後來合作的得力幫手歐瑪爾（Omar）。

在事前的交談過程中，我得知歐瑪爾曾經在美軍的單位裡服務，這讓他在人脈的擴展上有很大的助益，而且他也因此獲得美國居留的簽證。他雖然是庫德族人，但在伊拉克幾乎通行無阻，對伊拉克部隊的運作相當熟悉。這正是我們所想要的，在戰地採訪，只有摸透軍方系統，才有機會進到最前線，若有突發狀況，也有人接應。

不過戰地的突發狀況多，還是有碰壁的時候。有一天我們在前往前線的路程中，經過一處較大的檢查哨，所有人都得下車受檢，包括歐瑪爾也不例外。我們交出護照和通行證，等待回覆，原以為歐瑪爾已經打了通關，應該沒有問題，結果他從一間房間走出來說：「我們今天過不

▲艾比爾國際機場。臺灣和伊拉克並無邦交，申請簽證程序複雜，媒體簽證更是困難，因此採訪任務從庫德自治區進入，相對容易。庫德自治區政府可透過邀請函發放簽證，對臺灣也相對友善。

去了。」我記得我們當天是一大早七點多出門，就是因為路程遠，開了近三個小時結果卡關，我當下頗傻眼。歐瑪爾說，他認識的將軍當天剛好不在，但是這名將軍並沒有交接歐瑪爾提出的通關要求，儘管我們積極說明，但當天值班的主官不認就是不認。我們只能摸摸鼻子打道回府。

我們進了一間餐廳坐下來，歐瑪爾表情嚴肅地拿著手機走出門，過了十幾分鐘才回來。歐瑪爾：「我已經打電話給那位將軍，他說他今天休假，但是剛剛已經通知檢查哨的人，我們明天再來一次應該就能夠通過，不用擔心。」聽他這麼說，似乎還有希望。不過對我們出國採訪的記者而言，每一天都是時間

▲艾比爾廣場。伊拉克北部的庫德自治區首府艾比爾（Erbil），是中東最古老且持續有人居住的城市之一，擁有超過6000年的歷史。艾比爾以其古老的城堡（Erbil Citadel）聞名，這座城堡位於市中心，是世界文化遺產，也是城市的地標。和伊拉克其他城市的動盪比起來，艾比爾顯得穩定且進步。

成本，一來一回，等於這一天幾乎浪費掉了。但若以最終結果來看，歐瑪爾還是很有力的 Fixer，如果有機會再去一趟，我還會選擇繼續和他合作。

雖然我們對戰地 Fixer 有高度依賴，在任務過程中小心翼翼地維持著良好的關係，但對眼前所見事物急著想記錄下來的性子，還是會不小心踩線。讓我印象深刻的插曲是，我們的車到了一處斷橋邊，顯然是被空襲給炸斷的，我請夥伴們拿起攝影機把車外的地景先拍下來，不過歐瑪爾卻說話了。

「你們先不要拿攝影機，這旁邊有檢查哨和軍隊駐紮，如果他們看到你們在拍攝，是有權不讓我們通行

▲在庫德自治區邊境的士兵站在高點觀察自摩蘇爾方向逃出的難民。在伊拉克進攻摩蘇爾攻打 ISIS 的解放摩蘇爾行動中，有數十萬難民從摩蘇爾逃離躲避戰爭，最近的難民營就在庫德自治區，但在過往經驗中，伊斯蘭國成員可能會假扮成難民混進難民營或是不同城市發動攻擊，因此所有想要進入難民營避難的民眾都得先備徹查身分，才會被安排進入難民營。

的。」歐瑪爾警告我們。「好，那我們會小心一點。」我回他。歐瑪爾可能也覺得我們的耳朵很硬，竟然不是說不拍，而是說小心一點。我坐在車子的副駕，才剛舉起手機，轉到攝影功能，朝著車窗外準備拍攝，就聽到歐瑪爾用不高興的語氣說：「我不是叫你們不要拍了，這會給我們惹麻煩。」接著，我看到幾名揹著槍的士兵朝我們走過來。

歐瑪爾把車停下，檢查哨士兵檢查我們的證件，歐瑪爾努力地解釋我們的此行目的，阿拉伯語我聽不懂，但幸好這些士兵沒有太大的動作。他們把頭望向後

▲伊拉克和伊朗邊境有一群庫德族士兵駐守，他們防的是 ISIS 的突襲，必須每天在邊境巡邏，也在這片廣闊的山區訓練戰技。在採訪團隊抵達的前兩天，ISIS 深夜引爆炸彈攻擊，導致兩名庫德族士兵死亡。對這些軍人而言，隨時有為自己國土家園犧牲的準備。

座，我兩位攝影夥伴都拿著攝影機，雖然是單眼相機，但也已經夠醒目。他們要求檢查我們到底拍了什麼，於是我們打開攝影機讓他們看剛剛拍的畫面，靠近士兵的哲儒，把拍到的斷橋、路景給他們看，這些士兵告訴歐瑪爾，要我們把這些畫面刪除，因為是踩人家紅線在先，我們只能乖乖照做，以避免後續不必要的麻煩。

刪了畫面，檢查哨的士兵才讓我們通過，不過已經讓我們緊張地冒了一身冷汗。歐瑪爾事後說：「不是

▲戰地前線地雷四散，庫德軍基地前方停著一輛厚重的防爆車定時巡邏掃雷，降低人員死傷。

不讓你們拍，而是有些比較敏感的地區，要先避開，這些檢查哨的士兵是能決定讓我們有沒有辦法繼續前進的關鍵，萬一他們剛剛不讓我們通行，一切都要重頭來過。」我非常不好意思地向歐瑪爾道歉，保證絕對不會有下次違規。戰地是個特殊的場域，只有完全遵守軍方的規定，才能全身而退，這可不是能夠隨心所欲遊走灰色地帶的地方，這是我這幾趟採訪中學到的重要教訓。

前線：庫德敢死隊的防線

伊拉克北部的庫德斯坦自治區雖然不是獨立的國家，但如今卻也不歸伊拉克政府實質管轄。庫德斯坦有自己的政府、軍隊、國旗等所有具備國家的元素，就連總統都是民選的，長期尋求獨立建國，但卻被伊拉克、伊朗和土耳其強力反對。伊拉克反對庫德斯坦建國是為了要維護領土的完整性，就算無法控制庫德斯坦，也不至於「國土分裂」。

庫德族是中東一直存有建國夢想的民族之一，就像以色列、巴勒斯坦。就算他們總人口數將近三千萬，比臺灣人口還多，卻始終無法圓夢。第一次世紀大戰之後，協約國試圖以色弗爾條約（Treaty of Sèvres）對戰敗的鄂圖曼帝國進行裂解式的土地分割，防止鄂圖曼勢力再起，條約內容中提到要讓庫德族人以投票方式決定自己民族的未來，但是色弗爾條約對土耳其來說苛刻至極，凱末爾率領武裝部隊群起反抗協約國，最後才在一九二三年逼地協約國重訂洛桑條約（Treaty of Lausanne），廢止了色弗爾條約，但庫德族的獨立建國大夢也因此在列強的協議中被無限擱置。

如今的庫德族人主要分居在四個國家：伊拉克北部、伊朗東部、敘利亞北部以及土耳其南部。這本是緊緊連在一起的土地，但現實世界的政治算計讓庫德族人成了四個國家中的少數民族。甚至各自和當地國家的政府成為敵對關係，部分極端的庫德組織會發動恐怖攻擊，像是土耳其南部的庫德工人黨（Kurdistan Worker's Party；庫德語：Partiya Karkerên Kurdistan, PKK），多次以暴力武裝手段表達獨立建國訴求，也因此被許多國家視為恐怖組織。

庫德斯坦自治區的庫德族人相對溫

▲庫德族敢死軍（پێشمەرگە）在伊拉克以及西方聯軍打擊 ISIS 過程中扮演非常重要的角色，他們擅長在荒漠、山區打游擊戰，有強大戰力。雖然庫德族人長年尋求獨立建國，卻被伊拉克政府以維持國家領土統一為由打壓，但在對抗 ISIS 一事上，倒是表現出較為一致的態度。

和，與臺灣有長期的交流合作關係，每年臺灣都會提供獎學金名額，鼓勵庫德斯坦學生來臺念書發展，這是正式外交關係以外的正向交流，也因此庫德斯坦人對臺灣並不陌生。我印象非常深刻，庫德斯坦境內一處難民營的入口，有著捐獻國家的大型看板，我一眼就看到了中華民國國旗，良善的互動化為成果，在如此困頓的環境中看到自己國家的付出是讓人感動的。

伊斯蘭國崛起，庫德斯坦也面臨威脅，伊斯蘭國占領並自稱境內第二大城的摩蘇爾，距離庫德斯坦首都艾比爾（Erbil）並不遠，再加上有上百萬來自不同城市的伊拉克民眾逃命成為難民，大部分湧入庫德斯坦，讓當地政府疲於奔命，除了設置難民營，還得仔細檢查難民身分，就怕伊斯蘭國成員混在人

▲庫德族敢死隊在前線基地存放的砲彈以及軍武裝備。

群中滲透進入庫德斯坦。

我們跟著Fixer到摩蘇爾外圍城市和自治區城市的交界處，隆起的小丘上站了一排庫德族士兵，只是難民人潮的湧入似乎已經過了高峰期，部分士兵還能悠閒地抽菸聊天。要辨識極端武裝分子是困難的，尤其是當他們混在難民的群體中，只要他們有心隱瞞，且過去沒有任何不良紀錄，幾乎能完美避開邊哨的查驗。這也是為什麼歐洲保守派長期反對收容難民，在二〇一四至二〇一七年期間，有太多孤狼式的恐怖攻擊發生在西方國家城市，歐洲尤其頻繁，讓主張協助難民的政黨和組織備感壓力。遠在天邊的臺灣，到目前為止幾乎沒有遇到這樣問題，一方面臺灣沒有難民法，難民幾乎不太可能進到臺灣來，二來，看似對「外國人」友善的臺灣社會是有選擇性的，並非對所有外國人都友善。我自己的觀察，許多臺灣人對東南亞、中東人仍保有偏負面的刻板印象。

摩蘇爾逃難潮在伊斯蘭國入侵時出現過一次，二〇一七年的解放摩蘇爾行動時又再出現，想逃就是不想讓自己和家人陷入無日無夜、看不見盡頭的戰火。有錢的能搭車，沒錢的也就只能帶著有限的家當徒步到周邊城市，許多人選擇到艾比爾避難，除了近，對他們而言庫德敢死隊的驍勇善戰也是一大保障。我們爬上城市邊界的小丘，就像是一座城牆隔絕了兩個世界，下方有稀稀落落的人群，有老有少，或站或蹲，等著車輛接應。他們都是已經被查驗過身分，準備安置進入難民營生活的摩蘇爾人。

我們的採訪行程遍及庫德自治區的邊境，都是重要的防線，但任務卻不大相同，像是已經從伊斯蘭國手中收復的市鎮，庫德兵除了要防止零星的伊斯蘭國反撲，更重要的就是要想辦法移除地雷。前面章節曾經提到，伊斯蘭國慣用的伎倆就是在撤離的同時埋下地雷，讓後續的復原工作變得更為艱困複雜。但是伊拉克政府和庫德政府的掃雷設備不足，大多是用人力的方式緩慢進行，美軍在這段時間有掃雷部隊進駐，我曾經在路上巧遇美軍的掃雷車隊，不需要進一步了解功能，光用肉眼看外觀就能感受到美軍設備的強大。

就算有美軍的協助，也很難面面俱到，仍三不五時就會傳出傷亡。我們到了靠近伊朗邊界的庫德軍營區，與其說是軍營，不如

▲艾比爾郊區難民營，收容來自伊拉克、敘利亞不同城市的難民。多數難民因為內戰或是ISIS 高壓統治被迫逃離家園，難民營的人數和規模幾乎已經可以自城一座小鎮。照片中的一家人來自敘利亞，採訪當下，他們已經在難民營住了兩三年，帳篷內的空間就是一個家的存在，簡陋卻有緊密的情感。

說只是個邊境的崗哨，山頂上搭起簡單的建築，每次值勤大約就是數十位軍人，其中還會派出巡邏小組，在不見盡頭的邊界沿著山區巡邏。指揮官帶著我們走上山頭，指著一處坑洞說：「就在你們來的前兩天，這裡發生爆炸，是一個地雷，我們有兩名士兵不幸被炸死了。」我看著坑洞裡殘留的破布，是巡邏士兵身上的衣物，我想著這到底是什麼樣的世界。

沒有踩到地雷，我們真的非常幸運。在此行採訪結束後，我持續關注當地的新聞進度，我讀到一篇報導，庫德自治區電視臺的一組記者，到了我們曾經採訪的前線，過程中一行人誤觸地雷導致爆炸，女記者不幸喪命。這是這份工作的不確定性和風險，戰地記者的生命在意外發生的時

▲臺灣長期關注中東部分地區的人道問題，並且多次提供協助，2014 年向伊拉克北部地區捐贈 350 座組合屋，協助因武裝衝突而無家可歸的難民應對寒冬。此項援助計畫總額為 115.5 萬美元。

候雖然脆弱，但充滿著熱情和使命。

同樣在伊朗邊境的山區，我們也進到了庫德女兵營區，指揮官破例讓我們看庫德女兵的訓練。二〇一六年有一則引起我們注意的外媒報導，號稱酷似「安潔莉娜‧裘莉」的庫德女兵安塔爾（Asia Ramazan Antar），為了阻擋伊斯蘭國的自殺炸彈攻擊而犧牲生命。庫德族部隊的士兵成員都是自願加入，女兵更是如此，多數庫德女兵認為應該打破性別限制和刻板印象，女性對捍衛國家也有足夠的能力。因此當安塔爾犧牲自己被國際媒體大幅報導，但多數媒體卻聚焦在她的外貌時，讓不少安塔爾的同袍感到憤怒與不值。

我們鏡頭下的庫德女兵，個個驍勇善戰，高強度的訓練已經成了家常便飯，更何

▲艾比爾難民營的捐贈國家中，看到中華民國國旗。庫德自治區和臺灣的關係十分密切，臺灣政府每年都會提供獎學金，鼓勵庫德族學生來臺就學。

況她們不僅是在「當兵」，而是真實地身處在戰爭場域中，每天的巡邏都有可能面對伊斯蘭國的突襲。我們注意到女兵的裝備比起男性士兵更為簡陋，在訓練場上的女兵們沒有完整的軍服，更沒有能夠好好保護雙足的軍靴，幾乎每個人穿的都是破舊的運動鞋，但是在充滿砂礫的荒漠土地上跑起來，絲毫沒有不適或嬌弱氣息。

庫德女兵因為採自願入伍制，年紀差異大，有不滿二十歲的少女，也有三、四十歲對國家未來充滿責任感的女性，她們的共同理念就是希望透過自己的付出，讓庫德族人有更安穩的生活，並進一步達到建國的目的。我採訪了幾位女兵，都得到一致的回應，面對伊斯蘭國，她們並不害怕，除了有同袍相助，更重要的是國家安全了，人民才有機會安居樂業。聽起來很陳腔濫調的理念，卻是真真實實地存在著，我不知道這群女兵若換了時空地點，在臺灣講這樣的話，會引起多少酸民的攻訐。在中東不成國家的民族中，我看到了「天下興亡，匹夫有責」的精神實踐。

密道：伊斯蘭國的巢穴

地道存在於所有國家，也是重大衝突或災難發生時的救命場所。只是對強大的先進國家來說，地道可能是讓總統、總理，或是其他政治人物、企業家等人逃命的通道、防空避難場所，有簡易的設備，不會是久待之處。但是對極端組織而言，地道可能就是逃避追蹤的「生活」場所，也是密謀下一次攻擊行動的軍事基地，在裡頭一待不會只有一、兩天，所以要有基本的生活機能和物資存放。一直有傳言，部分強權國家為世界末日做準備，打造地底世界，若真是如此，則不在本書的討論範圍。

我們在戰火最前線四處奔走採訪，有一天，庫德敢死隊的指揮官問我們是否對伊斯蘭國的密道有興趣，我毫不思索地說當然有。於是他領著我們往城市郊區的半山腰去。在中東國家，有許多城市被小山丘包圍，說是山也不盡然，光禿禿一片，大多土石裸露，灰黃一片。我們在山腳下車後，扛著攝影機腳架開始往山上爬，沿途大小石塊散落，沒有一條平整好走的路。

漸漸地，我聞到了空氣中瀰漫著些微火燒過的氣味，再來就是火藥味，從遠而近，

▲伊斯蘭國的地下巢穴就藏在庫德自治區邊境的山區，但這只是其中一個，根據庫德軍指揮官的說法，ISIS 四處挖鑿地下通道，行蹤難以掌握。

越來越濃，庫德族士兵指著眼前一個不起眼的山區小洞說：「這就是入口。」如果沒有特別告知，一般人根本不會瞧上一眼，甚至會以為是動物挖鑿的洞穴。

指揮官示意我可以「爬」進洞裡去看，這是一定要的，只是雖然知道裡面只剩空的穴道，絕對不會有伊斯蘭國成員，但無數想像中的突襲場景還是在腦袋裡迅速播放著，想著萬一在裡頭有人持槍掃射，逃得掉嗎？洞口的山壁上延伸了一段焦黑的痕跡，想必在我們抵達前不久才有過交火。

用爬的是因為洞口真的太小，儘管我不高，但還是得屈著身體慢慢地滑進洞裡。穿過最小的入口之後別有洞天，又深又長的空間，很難想像二百公尺的距離是要花費多少時間才能完成這樣的地道。在我前方引路的

▲伊斯蘭國地下巢穴入口，若非有人帶路，或是稍加遮蓋，很難發現這個洞穴裡頭竟然可以成為可攻可守的據點。

▲伊斯蘭國的地下巢穴，挖得深又長，還能延伸不同空間，只要備足物資，幾乎能夠在裡頭長時間生活，避開敵人的攻擊。採訪團隊隨著庫德族士兵走進地道，陰暗潮濕，但一名身高將近 180 公分的士兵幾乎能夠站直行走，讓我們對 ISIS 的鑿洞能力嘆為觀止。

士兵身高約一百八十公分，都幾乎還能站直走路。

地道兩邊的山壁，沿路都有電線從外頭一路拉進來，還有幾盞沒破的燈泡，就掛在電線上面。但最讓我意外的是，伊斯蘭國的成員在地道的中段鑿出了一個房間大小的凹洞，裡面擺放了床、櫃子、電視、甚至小冰箱，生活機能一應俱全，只要能充分補給食物，可以在裡面好好過上一陣子。

雜亂的櫃子上有各種藥品和生活雜物，走出房間，有米桶、烤肉架和攪拌機，散落在潮溼陰暗的地板上。庫德兵說，伊斯蘭國的成員經常把這樣的隧道當成備用基地，當他們被從占領的城市驅逐，就會退到地下密道的基地裡等待機會，地道裡還有一扇鋁門，可以短暫阻斷追兵一路無阻的進攻。這也是許多伊斯蘭國散兵團的指揮基地，進可攻退可守，只要不被敵人發現，就能安穩籌謀下一次的攻擊。

二〇二三年十月七日，以色列哈瑪斯戰爭爆發的時候，以軍在最初擬定反擊計畫時相當困難，就是因為哈瑪斯在加薩市底下挖了總長將近五百公里的地底密道，有些密道單獨存在，有些則互相連同，讓以色列無法精準掌握哈瑪斯重要指揮官的藏身之所。在部分以色列人質被放出來後，他們也形容自己疑似是被關在地底下的空間，因此以色列部隊才會決定用大規模的空襲轟炸，要把這些地道給炸出來，但這談何容易。

當以色列指控哈瑪斯把人質藏在地道裡時，我直接聯想到了伊斯蘭國的這條二百公尺地底隧道。全世界的極端組織都很會鑿密道，包括以九一一攻擊事件打響名號的蓋達組織。或許是因為他們的發源地就處在中東或是中亞、西亞一帶的山區，山洞隧道顯然是最好的藏身之所。正因為這樣的特性，我認為要打游擊戰，歐美國家的軍隊根本不如這一批成天在山裡跑跳的民兵。

在不見天日的地底空間採訪有著極大壓力，儘管前後都有庫德兵持槍跟著，但伊斯蘭國的狡猾和出奇不意，是最讓人害怕的。這一路我都避免讓自己和採訪團隊陷入過度危險的境地，至少外頭開闊的空間，我們還有地方可以躲，但是在不是往前就是往後的狹長地道裡，敵人只要堵住你一邊，或是更狠一點，兩邊都封鎖，你就是個無處可逃的老鼠了。

這兩百公尺，因為採訪不時停下，或是因為心裡莫名懼怕，走到盡頭看到些許亮光，恍如隔了數日之久。隧道的另一頭出口，披著破爛的迷彩帆布，當這條地下基地還有作用時，伊斯蘭國用迷彩布蓋住出口，但出口的深度夠讓一個成人露出頭來窺視外界的一舉一動，而部分伊斯蘭國的武裝成員，就會舉著狙擊槍躲在迷彩帆布下，朝著遠方的庫德兵攻擊。

這是西方世界對未知的地底密道害怕的原因之一，因為他們不知道這些武裝組織在密道裡布下什麼機關或是埋伏，不過一旦他們發現了密道，就必然將其摧毀。

外援：跨越國境的正義與力量

不管在哪一個戰場，經常能看到和當地人完全不同的面孔投入戰事之中。有很多可能是傭兵，因為高額的報酬而來，但也有可能是遠在天邊的支持者，只因為理念相同挺身而出，不惜將自己的性命放置在高風險的戰場上。烏俄戰爭的烏克蘭戰場上，烏克蘭吸引了大批的外國志願者協助他們對抗俄軍，就是懷抱民主對抗極權的理想，包括臺灣也有人主動加入烏克蘭軍隊，最終不幸犧牲。

我們在伊拉克戰火前線採訪時，其中一個庫德軍部隊，走出來接待我們的竟然是一名美國軍官。一張西方面孔在庫德軍隊中顯得格外突出。大衛．舒默克（David Shumock），一位六十三歲的美國退役軍官，從佛羅里達州飛往伊拉克，成為庫德軍的一員。多年前，一張激怒全球的照片——ISIS戰士用槍指向一名女嬰——驅使他加入這場戰鬥，希望能做出改變。

大衛曾經是美軍特種部隊的一員，在中東擔任戰略顧問多年，提供庫德軍不少寶貴的作戰策略。在外人眼中，庫德地區的戰火已經纏繞了許多年，但對大衛來說，這裡的戰事不僅是政治或地緣政治的延伸，更是他個人尋求救贖的戰場。他的妻子和女兒都已經不在人世，女兒僅二十一歲便在一場車禍中喪生。這段痛苦的經歷讓他決定投身於能夠貢獻一己之力的地方，讓自己的生活有所依歸。他把庫德士兵當成自己的家人，並在戰場上找到了一種特別的歸屬感。

在庫德軍隊中，大衛發現了一群願意為同袍或是兄弟犧牲的人。他說：「在這裡作戰並不困難，因為你有這麼一群很棒的人。我可以為他們而死，他們也可以為我而死。當他們來到這裡，我們就是一家人。」這種強烈的團隊精神和共同目標，使得他們在面對伊斯蘭國的威脅時能夠形成強大的戰鬥力。

庫德人長期以來一直奮鬥於獨立建國的夢想之中，這一夢想在攻打伊斯蘭國的戰役中逐漸變得立體且不再遙遠。庫德軍隊在大衛以及其他盟友的幫助下，屢屢取得勝利，贏得了國際社會的關注。然而，這些勝利也引起了伊拉克政府的忌憚，他們擔心庫德軍隊的崛起可能會威脅到巴格達政府的統治地位。不過，更擔心的恐怕是土耳其總統艾爾段（Recep Tayyip Erdoğan）。

土耳其南部的庫德工人黨長年與土耳其政府衝突，每當勢力稍微壯大，就會被艾爾段設法打壓。以色列哈瑪斯戰爭期間，當全球都在關注以色列轟炸加薩走廊，或是伊朗、敘利亞、黎巴嫩等國的報復行動，卻不想土耳其趁亂空襲敘利亞和伊拉克境內的庫德自治區，造成多人死傷，但在國際社會上幾乎沒人譴責艾爾段，他們以「打擊恐怖分子」的名義發動攻擊，用的卻是近乎「恐怖分子」的手段。

在中東四個國家中，庫德人的分布廣泛，而他們在爭取獨立的道路上遇到了諸多困難。即使庫德軍隊在戰場上表現出色，政治上的挑戰仍是一道難以逾越的障礙。投身中東戰場的大衛坦言：「我們去年解放了辛賈爾市，本來可以同一天解放庫德斯坦的整個南部，但我們卻被要求停止。這真的很令人沮喪。」大國之間的談判、權衡，很多時候是必須靠著犧牲小國或弱勢團體而獲得他們所需要的利益，猶如臺灣與強國周旋，爭取國際空間的同時不得不慎。

我們有一天的採訪行程，開了近六個小時車程直奔辛賈爾山。山區一片荒涼的土地上，是一群亞茲迪人的避難之所。他們從ＩＳＩＳ的暴行中倖存下來，卻無奈地困在這片山區裡，依靠著稀少的救濟物資勉強度日。我們抵達的時間約莫一月初，冬日氣溫極低，嚴寒無比，我們深夜躲進小木屋裡燒著炭火，都還要披著厚重外套、裹著毛毯入睡，而難民們簡陋的帳篷幾乎無法提供任何保暖功能。

山上有一間簡單的醫療站，駐站的是一名女醫師漢莎・阿里（Hansa Ali）。從外表我們區分不出她是否為亞茲迪人或是庫德族人，詢問之後才知道，漢莎是從敘利亞靠近拉卡的城市逃亡到伊拉克，和家人在難民營裡生活了一陣子。當她聽到這些山區的亞茲迪人生活窘迫，病人沒有任何醫療協助，她自願上山常住，用專業貢獻一己之力。

漢莎每天要看大約二百五十位病人，這些病人不僅包括一般的民眾，還有庫德軍人。她為病人診斷病情，開藥治療，視病猶親。她的善良為這些在絕望中掙扎的人們帶來了新的希望。採訪時三十七歲的漢莎說：「沒有人指派我來這裡，我完全是自願的，是我自己想要來的。剛到的前兩個月，沒水可以洗澡，也沒能洗東西，什麼醫療設備都沒有，就連食物都短缺。人們來來去去，但我還是很願意留下來，對我而言沒有任何問題。」

讓我印象深刻的是，在訪問進行時，又有婦女抱著小嬰孩來找漢莎求救。這裡的難民，一家人擠在一個帳篷裡，只要一人生病，全家都被傳染。漢莎一邊念叨著小女孩衣服穿得太薄，一邊拿藥給她。「她就像英雄，二十四小時待在這裡，每個人都認識她。」小女孩的母親這樣形容漢莎。但在現實生活上，想要讓小女孩穿上保暖的衣物，偏偏就是沒有，他們只能從一次次的生病循環中，增加生命的韌性。

在辛賈爾山上，漢莎的醫療站有六名庫德軍人進駐，就連漢莎自己都得學會開槍射擊保護自己。伊斯蘭國成員的無預警攻擊，是在這個區域的高風險之一，漢莎自己也知道：「我知道自己身處險境，因為有其他人喪命，我自己也可能會被殺。我們在這裡要面對敵人，但也有內部的問題。」

在亂世中，漢莎不僅是難民，更是醫生、是英雄。她不穿白袍，只穿墨綠色的軍服，把自己當成庫德女戰士，用醫者仁心，搶救每一條珍貴的生命。

滅族：亞茲迪人的苦難

亞茲迪人是個在中東地區世代生活的古老族群，因其信仰多神教派，成為了伊斯蘭國眼中不可饒恕的異教徒。當伊斯蘭國的黑旗在二〇一四年揮舞進入亞茲迪人居住的辛賈爾（Sinjar），他們的命運便被徹底改寫。這是一段充滿苦難、悲傷和絕望的歷史，也是對人性黑暗面的殘酷揭露。

當辛賈爾被伊拉克收回後，我們在軍方的同意下進入市區採訪。原本四十萬人口的辛賈爾，幾乎已成空城，只剩下軍人駐紮維安和零星的居民。伊斯蘭國掌控辛賈爾期間，對亞茲迪人進行了慘忍的屠殺，執行等同於「種族淨化」的暴行。我們遇到了當時三十六歲的薩布里（Sabri），他在確認安全無虞後回到辛賈爾，重新開張他的小果菜鋪，他告訴我們：「伊斯蘭國專殺亞茲迪人，不管你是不是穆斯林，只要是亞茲迪人都難逃伊斯蘭國成員的毒手。」

薩布里帶著我們往前走到一團廢土前，他說：「有很多亞茲迪人的屍體被埋在土石堆下，有些甚至是活埋致死。」一座無名塚記錄了這場悲劇。土石堆上插著鐵條，代表著一條條無辜的性命。軍方人員開始挖掘時才發現大量屍體，衣服已經破碎，肉身腐爛，露出的白骨清晰可見。

倖存的亞茲迪人被迫在辛賈爾山區避難，等待轉往其他地方安身立命。我們在山上訪問了一家三名女性，他們都曾經被伊斯蘭國當成商品轉賣，甚至遭受嚴酷對待。其中一位艾珊（Ashan）回憶當時遭受的屈辱：「他們痛罵我們是叛徒，對神不忠，沒有任何宗教信仰。他們把女人分為十個一組，分別賣給不同的ＩＳＩＳ軍營，作為奴隸，甚至是性奴。」伊斯蘭國使用了最殘酷的手段。拒絕者面臨的是死亡和斬首的威脅。只有順從才能苟活，艾珊和她八十歲的母親便是在這樣的情況下落入伊斯蘭國手中。

艾珊被控制期間，看著伊斯蘭國成員把女孩們聚集在一起公開叫賣，越年幼越值錢。因母親視力幾乎喪失，艾珊堅持把母親帶在身邊，即使可能面臨死亡也不願分開。最後，她們被以五十美元的價格賣給了一名敘利亞軍人為奴。

「他們把食物放在餵食動物的容器裡，但裡面是什麼我們不知道。有些食物有骨頭，有人說這些肉可能是人肉或其他動物的肉，隨便煮煮，吃起來非常臭，但你非吃不可。」艾珊情緒激動地告訴我們。這些經歷揭示了在伊斯蘭國控制下的惡劣環境。

艾珊有個才十一歲的小姪女，同樣落入伊斯蘭國手中。她機警地告訴姪女假裝雙腿殘疾，避免被當作性奴賣掉。小姪女納凡（Naven）回憶：「我假裝自己是個肢體障礙者，有一年多的時間癱坐在地上，沒有走路，但我其他姐姐都被伊斯蘭國裡的成員帶走賣掉。」假裝癱瘓逃過一劫，但伊斯蘭國仍將「奴隸」按條件分級，在人肉市場上分為一手貨、二手拍賣，甚至清倉特價。艾珊和她的母親價格最低，被帶到敘利亞的拉卡，這裡是伊斯蘭國宣稱的首都，成員聚集最多的地方。艾珊描述她們被帶走的過程：「他們叫名字，一個一個把女生帶走，女人被帶走時必須用黑布把全身罩住，包括臉和手。」

幸運的是，西方聯軍對伊斯蘭國展開攻擊、轟炸拉卡，她們在混亂中脫逃，躲在廢墟中等待機會。「有一晚入睡後，我們聽到了空襲的聲響，爆炸威力非常大，把我們隔壁整棟建築炸平了，隔天起來我發現窗戶已經被炸碎，但建築沒有砸在我們身上，所以我們還能活著。」

然而，從拉卡想要逃回辛賈爾，五百多公里漫漫回家路途中，她們再次被伊斯蘭國綁架並轉賣。艾珊忍受著買主的虐待，直到囚室裡來了一位她口中的「好人」。她賣掉隨身保存的戒指，用二百美元換取自由，最終帶著母親繞道土耳其，歷時近兩年，回到伊拉克與家人團聚。

聽著她們的遭遇故事我邊想著，如果自己面對類似的處境，到底有沒有辦法撐過這兩年活下來。我們在這一家三位女性中看到了生命的強韌，他們沒有因為失去對生活的掌控權而感到絕望，她們為自己的生命重新找到出口，一口氣還撐著，就得沉著思考因應對策。

我始終相信只要人類持續存在，因為利益、私慾或極端理念而生的衝突也會伴隨而生。種族屠殺在歷史上一而再、再而三地重演，沒有隨著時代演進而停止，世界之大，人心之惡，令人心存畏懼，但這不表示我們應該悲觀，良善之心在險惡的環境中更需要被凸顯與珍惜。

第四章　浴血的千年玫瑰——敘利亞

Syria

尚勒烏爾法
卡米什利
扎胡
哈塞克
安塔基亞
阿勒坡
伊德利卜
拉卡
拉塔基亞
代爾祖爾
賽普勒斯
哈馬
敘利亞
邁亞丁
伊拉克
荷姆斯
帕米拉
阿布凱馬勒
黎巴嫩
地中海
大馬士革
伊爾比德
約旦

斬首：對全世界的恐嚇

二〇一四年八月十九日，社群媒體上瘋傳一段影片，一名黑色蒙面者身邊跪著身穿橘色囚衣男子，場景是荒蕪的黃土沙漠，沒有明顯地標足以讓人辨認地理位置。伊斯蘭極端組織的一把匕首揮向西方世界，正式啟動「現代聖戰」。

影片中被壓跪在地的男子，是美國戰地記者詹姆斯・佛利（James Foley），影片釋出前，他已經被綁架囚禁將近兩年。黑衣者操著英國腔英文，指控美國對伊拉克及敘利亞的空襲轟炸，屠殺穆斯林，將會讓美國人遭到血債血還的報復。而這個報復讓詹姆斯・佛利率先承受。

影片中的詹姆斯・佛利，被迫唸出譴責美國的訊息，還說他希望自己「不是美國人」，不過我相信這段話並非他的本意，這段才是：「我希望我有更多時間，我期待重獲自由和家人再次見面，但船已經出航了。」詹姆斯・佛利的家人只能透過這段影片見他最後一面，因為接下來，黑衣人用手上的匕首，將詹姆斯佛利斬首，成為世界頭條新聞。

斬首影片，是伊斯蘭極端組織「伊斯蘭國（The Islamic State）」開始被世人注意的關鍵。在詹姆斯・佛利的斬首影片之前，也曾經有一批穆斯林叛軍遭到伊斯蘭國處決的影片流出，但並不像斬首影片被全世界注意。伊斯蘭國的手段兇殘，集體處決和斬首，卻有著不同程度的意涵。手起刀落，身首異處，對受刑人來說是個恩惠，將痛苦的過程降至最低。

伊斯蘭國的斬首方式，是用匕首一刀一刀來回，畫在人質的脖子上，受害者沒有立刻失去意識，必須先承受刀割的極端痛楚，血濺四處流及全身，觀看影片者幾乎感同身受，甚至在螢幕前瑟瑟發抖，這就是伊斯蘭國要傳遞的訊息，逆我者，必得到極大恐懼及苦痛。

伊斯蘭國的斬首影片，受害者幾乎都是非穆斯林，以西方強國的公民為主，身分有戰地記者、人道救援工作者、軍隊士兵等。日本也有兩位公民在敘利亞境內遭到伊斯蘭國成員綁架後殺害，因為日本政府拒絕向「恐怖分子」支付二億美元的天價贖金，伊斯蘭國要讓全世界看看強國談判失敗與拒絕妥協的下場。

伊斯蘭國透過斬首行動告訴西方國家，他們的反制行動不斷進行，公開斬首影片，用最慘無人道的手法和畫面，加深全世界對伊斯蘭國的懼怕，但也因為影片在網路上的快速轉傳，讓伊斯蘭國打響名號，有利於招募來自全世界的信徒和支持者。隨著科技的進步和人才的加入，伊斯蘭極端組織的聖戰，已經加入現代科技和心理戰，不再只是突襲式的攻擊。

伊斯蘭國的出現背景以及組織運作，已經有許多專書探討剖析，本書不再多所著墨。我赴伊斯蘭戰地採訪多次，接觸大量當地民眾與組織，與其對話，有許多聲音是被國際媒體忽略的。本書將重整這些採訪歷程，為近代戰爭提供不同角度的註解，從戰區老百姓和前線士兵的視角描繪來自戰地的世界輪廓。

二〇一四年至二〇一六年間，我在電視臺的國際中心任職，這段時間處理最多的外電國際議題之一，就是伊斯蘭國對全世界的攻擊和影響。幾乎每天都有不同國籍的青年被伊斯蘭國的影片感召，千方百計入籍「伊斯蘭國」。當時伊斯蘭國自行宣稱獨立建國，國土範圍遍及敘利亞和伊拉克，首都設在敘利亞境內城市「拉卡」（Raqqa）。

敘利亞內戰自二〇一一年爆發，反叛軍和敘利亞總統巴夏爾・阿薩德（Bashar Al-Assad）政府軍的衝突從第三大城荷姆斯（Homs）開始，最後延燒至全國各地。阿薩德政府守住首都大馬士革（Damascus），反叛軍在美國和西方國家的援助下以北部大城阿勒坡（Aleppo）為據點，和政府軍長期對抗。雙方從最初的內戰，演變成代理人戰爭，歐美軍隊提供反叛軍武器支援，俄國、伊朗則與阿薩德站在同一陣線，但其實各國領袖各有盤算，既非真心想推翻阿薩德，也非實意力挺阿薩德。如果全世界只剩下敘利亞這片土地，那麼這裡進行的就是「世界大戰」了。

混亂的政局和無止盡的衝突，成了極端組織茁壯的溫床，也讓伊斯蘭國有了可乘之機。

如果長期關注國際新聞，二〇一五年前後不可能不注意到伊斯蘭國的種種作為。他們用斬首影片博取全球目光，當所有人都知道這個恐怖組織後，便遂行了他們散播極端教義理念和信仰的目的。他們自詡為王，進行殺戮，打著阿拉的旗號，為千年的伊斯蘭信仰另闢歧途。我認識的正統伊斯蘭信徒，懷抱著仁愛之心，恭謙有禮，熱情好客，絕非不信我就得死的伊斯蘭國之徒。

伊斯蘭國的殘殺手法越來越激烈，他們自豪想出各種虐殺人質的手段，並將其公諸於世。我記得某天的新聞頭條，又是伊斯蘭國的影片，這回不是斬首，而是火燒。約旦空軍軍官卡薩斯貝

（Maaz al-Kassasbeh）駕駛的F—十六戰機墜毀在敘利亞境內，伊斯蘭國的「國土」上，他也因此遭到俘虜。伊斯蘭國用卡薩斯貝當作人質要求約旦釋放被囚禁的伊斯蘭國成員，不過雙方最終談判破裂。在伊斯蘭國釋出的影片中，卡薩斯貝被關在一座鐵籠內，隨後他們在鐵籠裡放火，卡薩斯貝活活被燒死在裡頭。

忙著對抗反叛軍和歐美聯軍的阿薩德政府，面對伊斯蘭國在敘利亞境內虐殺各國人質的作為，毫無應對機制。畢竟他們處在內戰狀態，自顧不暇，還得靠著俄國和伊朗撐腰。伊斯蘭國自成一格，不與人為盟，一邊對付與美國合作的先進國家，另一邊也入侵伊斯蘭世界各國，不斷擴大領土。

內戰加上伊斯蘭國的大舉侵略，讓數百萬敘利亞人逃離家園，在世界各地成為難民。難民的故事，我將另外書寫，本書寫的是我對極端組織的見聞，以及受訪者在極端組織控制下的經歷。

承上所述，百萬敘利亞難民出逃，讓鄰近國家飽受壓力，更多的難民們一路北走，希望能夠在歐洲國家找到棲身之所，從此安頓下來。這對收留難民的國家而言是個難題，不僅僅是民生、經濟、政治以及文化的衝擊，更多人擔心真假難民，歐美國家的老百姓可能根本分不清楚。

伊斯蘭國報復歐美國家在敘利亞境內的攻擊行動，不再只是捕捉敘利亞境內的外國人質。伊斯蘭國散布在網路上的的各種宣傳影片，在世界各地發揮了效用，許多人就算無法進入伊斯蘭國國境，也能隔空宣示效忠，這點對伊斯蘭國來說具有極大助益，但是在反恐行動上卻成為難以突破的高牆。

二〇一五年一月，法國《查理週刊》辦公室遭到歹徒開槍掃射，包括共同創辦人卡布（Jean Cabut）和總編輯夏邦尼耶（Stephane Charbonnier）在內的十二人死亡，另外十一人受傷，伊斯蘭國事後承認血洗雜誌社；二〇一五年十一月，又是在法國，一連串恐怖攻擊事件在市區有計畫性地引爆，體育館、咖啡廳、劇院，持槍掃射、自殺炸彈、挾持人質等，不只法國人陷入恐慌，全世界皆譁然。伊斯蘭國同樣出面宣稱犯案，理由一如以往，為的就是報復歐美國家在敘利亞和伊拉克的一連串空襲。

這些伊斯蘭國戰狼，不怕死，也不要命，他們堅信自己打的是一場聖戰，死後會上天堂，但歐洲人不想跟他們打，因為不只在法國，德國、英國、比利時等其他國家也都發生過零星恐怖攻擊，這些執行恐怖攻擊的成員是裝成難民一起進到歐洲的嗎？或是本就在歐洲的伊斯蘭國追隨者？伊斯蘭國要策劃大型攻擊有其周詳的計畫和脈絡，他們從不魯莽行事，要讓每次攻擊達到最大效果。在這個組織中，有各領域的專家，絕頂聰明，並非烏合之眾。

在我的戰地採訪經驗中，沒有和伊斯蘭國成員直接接觸，但曾經跟著部隊挺進前線，和他們就近在咫尺。我也踏進曾經被伊斯蘭國占領的城市，從老百姓的口中，聽到他們所承受的高壓生活，並親眼目睹施虐器具。光聽、光看就讓我百般難受，更何況被迫在伊斯蘭國統治下生活的人們，何其煎熬。

簽證：難以想像的境地

二〇一六年初，從外電報導中看到了各國協調敘利亞內戰停火的訊息，有個念頭閃進了腦袋，許多西方媒體在內戰期間都進到了敘利亞報導當地局勢，尤其是伊斯蘭國崛起，引發二〇一五年大規模的歐洲難民潮和各地恐怖攻擊，敘利亞在那段期間幾乎是重磅國際新聞產地，而我們卻只能轉譯外電的資訊。於是，我找到了敘利亞駐北京大使館簽證官的電子郵件，發了封信給他，直接表明我是來自臺灣的媒體，詢問辦理敘利亞媒體簽證的可能性。

Dear Mr. Hamdan,

This is Kuangwei Peng from Taiwan. I currently work for a TV News station. I'm wondering if I can apply Syrian visa through Embassy of the Syrian Arab in Beijing, China? If it's possible, what documents do I need to prepare for applying the visa?

本以為敘利亞和臺灣沒有邦交、又與中國友好，再加上處於內戰期間，敘利亞簽證不容易取得，不想僅僅一個小時，就收到了簽證官的回信。

Dear Peng,

Glad to hear from you. Could you tell me why you like to visit Syria?

信件來回幾趟，說明原由，想赴敘利亞採訪第一手新聞，讓臺灣觀眾取得最直接的資訊，而非外電的二手訊息，直接簡單的理由，讓簽證官隔日列出辦理簽證所需提供的文件，我在最快的時間內準備好，寄出了申請。不過這一等，就是兩個月。

Dear Mr. Peng, I have good news for you. I got a reply from Damascus. You are welcome to visit Syria . Please send the passports to the Syrian embassy in Beijing to issue a visa for both of you .

敘利亞官方給的簽證效期只有一個月，也就是說，我在取得簽證到出發的準備期不能超過兩週，這樣我才有足夠時間在簽證效期內進行採訪。原本計畫從黎巴嫩採取陸路入境敘利亞直進大馬士革，卻沒想到黎巴嫩簽證成了阻礙，讓我們遲遲無法確定日期。最終，聯繫上杜拜友人協助購買敘利亞航空機票，改以空路飛至大馬士革，倒也省下不少時間。

二〇一六年六月十一日，大馬士革南部小鎮賽義德澤納布（Sayyid Zaynab）發生兩起爆炸案，根據當地媒體報導，其中一起是汽車炸彈攻擊，犯案者為伊斯蘭國成員。當晚六點，我和同事搭乘的敘利亞航空班機抵達大馬士革國際機場。

伊斯蘭國對其無法掌握的區域，自有一套攻擊方式。遍布全球，精神上結盟的每一隻「孤狼」，都是伊斯蘭國的重要戰力。他們鮮少打大規模的正規戰，因為沒有太多先進武器、沒有長年受訓的強力軍隊，正規戰反而不利。他們的目的不在剿滅敵人，而是讓你害怕，活著就會恐懼。因此，遍地開花式的小規模突襲，是他們擅長的。

「這種生活並不正常，但我們只能被迫熟悉這樣的模式，一點辦法都沒有。」

賽義德澤納布小鎮上的蔬果攤販邊說著，邊整理攤位上的蔬菜，即使是白天，店裡一片昏暗，陽光照不進去，販售冷飲的冰箱沒電運轉，玻璃碎裂成蜘蛛網狀。兩天前伊斯蘭國引爆的汽車炸

▲內戰期間，政府軍與反叛軍激烈交火，城市裡的建築慘遭蹂躪。被打成廢墟的房子成了各方的堡壘和躲藏之所，我們穿梭採訪，模擬攻擊與躲藏路線。

彈，就在店門口外的五十公尺處，人還活著算是幸運。

我們的車在一棟四層樓建築前方停住，下車後聞到一股淡淡的燒焦味，不重，這是兩天前爆炸攻擊遺留下來的氣味，碳分子似乎不願散去，部分嵌進了建築物的牆縫中，也飄進了四周住家裡頭。

眼前的建築外牆，有三分之一已經消失，在路邊便能透視屋內的雜亂及傾頹，還存在的部分幾乎被烈火燻黑。我們沿著樓梯往上，轉角看到對街同樣缺了一塊的屋子。碎磚散落在地板，鋼筋鐵條裸露懸掛著，我們小心地走每一步，深怕一腳踩地太過用力就塌了。

「當時我太太在陽臺整理東西，突然爆炸，她沒地方躲，也來不及，滿臉都是血，傷得很重。」

男主人當時在屋內睡覺，房子莫名被炸爛，

▲ ISIS 發動零星攻擊，在大馬士革近郊的民宅遭波及，建築被炸成廢墟。屋主無奈地站在已經沒有牆面的家中。類似的場景在敘利亞境內不斷複製。

房間被震得七零八落，但隔了兩道牆，人沒有受到太大傷害。女主人重傷送醫，我們不得而知是否後來有撐過去。伊斯蘭國的攻擊很多時候是隨機犯案，這些遭殃的老百姓既非名人也非富貴，說白了，就是要造成國家管理上的困擾，加大民眾對生命的危機焦慮，當然還有個重要理由，維持在媒體的曝光度。

有越來越多學者針對「孤狼」（Lone-Wolf）進行研究，Thana Hussain 曾經在觀察者研究基金會發表的文章中定義「孤狼恐怖主義」（Lone-wolf terrorism），認為孤狼攻擊者的行為可能是受到特定極端組織影響，抑或是在特定的社會氛圍下引發的攻擊行動；但孤狼們也可能是自主行動，不受任何組織掌控，對這種孤狼而言，他們沒有領導者，可以自由地在不同組之間游走，不過一旦遭到捕獲，他們可以

▲大馬士革的哈米迪亞集市（سوق الحميدية）是敘利亞最大的集市。自 18 世紀就開始運作，至今仍是當地最繁忙的集市。內戰期間人潮往來不受影響，甚至因為難民湧入大馬士革，讓集市商家的生意變得更好。

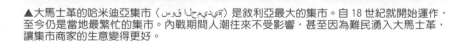

自稱隸屬於某個恐怖組織，而同樣的，有些恐怖組織也可以在攻擊發生後，放出聲明承認犯案，享受「免費榮耀」（free glory），加深大眾對組織的印象和恐懼。

伊斯蘭國擅長操作這種模式，這也他們是何以能夠在全世界擴散的原因。各種攻擊指控他們都能擔下來，若換是其他組織恐怕還有所顧忌。從二〇一四年到我們赴敘利亞採訪的二〇一六年，伊斯蘭國已經從伊拉克發跡，擴張到敘利亞，再到全世界。恐懼是會麻痺的，這一點，生在承平時期的我們似乎難以想像。在敘利亞和伊拉克，各種攻擊不定時，嚴重程度不一，更無跡可尋，從一開始的精神緊繃，拖到身心俱疲，最後為了生活，使出氣力讓作息恢復日常軌道，這時卻又傳出了致死攻擊，可能就在自己生活的

▲大馬士革遊樂場，在內戰期間仍然正常運作，但受限於電力不穩，遊樂設施經常運行到一半被迫暫停。

鎮上，也可能是這個國家的某一處，但對這些人而言只是：又來了。只要自己和家人沒死，就這樣吧。

賽義德澤納布居民的感受便是如此。屋子被炸毀的男主人領著我們從二樓走到三樓，他不在意鏡頭的方向，每個角落都讓我們拍攝，畢竟這已經不再是隱私空間。原以為受害人的情緒會異常激動，甚至哭天搶地，但這家的男主人沒有如此，他用沉穩的語氣嘗試還原這個家該有的樣子，最後他坐在房內的床墊上休息，爆炸發生時他就躺在上頭。

「接下來你有什麼計畫？」我問。

「沒有計畫，我們什麼都做不了，只能先整理房子，神會懲罰壞人，我們只能接受。」男主人說。

▲敘利亞內戰多年，再加上 ISIS 攻佔大小城市俘虜人民，許多難民湧進首都大馬士革。當地的國高中生童軍發起援助活動，每週準備上百個便當送給難民家庭，再外援物資缺乏之際，自己人救自己人的行動，為敘利亞內部帶來一股助力。

「會擔心你太太的傷勢嗎？現在狀況如何？」

「神會決定一切，她在醫院裡接受治療，這是我們現在可以做的，希望醫生能夠把她救回來。」

「房子被炸成這樣，要搬家嗎？」

「還不知道，不過我們也沒錢讓房子恢復原狀了吧。」

男主人目視約莫是六十幾歲的老先生，但我相信他的實際年齡可能更年輕些。根據我自己這幾年採訪的經驗，戰地居民的外貌年齡會比實際年齡更大。他用幾近平淡的情緒談著太太和突發的一切。提問，他就隨口答兩句，問完了，他就兩眼無神呆坐著，叼根菸，讓菸味稍稍蓋過了爆炸殘餘的煙硝和焦味，沒有菸灰缸，

▲巴夏爾・阿薩德 2000 年接班父親哈菲茲・阿薩德，擔任敘利亞總統。敘利亞青年受到 2010 年的阿拉伯之春影響，於 2011 年上街頭抗議阿薩德家族長年統治敘利亞，政府派兵鎮壓引爆內戰。首都大馬士革隨處都可見阿薩德的照片。

看看滿地石塊、塵土和碎裂的裝潢雜物，哪還管菸灰呢？

眾神都是良善的，希望子民平安，萬物得到適合的發展。在這裡，發動攻擊的是穆斯林，受害的也是穆斯林，他們信仰同樣的神，卻有著不同的教派和信念，唯一相似的就是「神會做最好的安排」。這就足以支撐他們接受所有的遭遇。採訪過程中，有時候我會驚訝穆斯林的韌性竟是如此強大。這就是宗教的力量。

這座小鎮還在阿薩德政府的統治區，我們出了建築物，見到一輛工程車開了進來，因為爆炸，小鎮電力系統被破壞，工程車進來協助居民的生活恢復正常。

面對遭受變故的人們，我們儘管心中不捨和難過，終究不能表現出來，這是我個人長年第一線採訪的訓練。一旦情緒勝過了你的理性，採訪任務可

▲內戰期間，敘利亞多數人難有穩定工作。照片中男子靠著鐵牛車搬運貨物打零工維生。

能就會失了準。但這不表示你不能展現同理心，畢竟只有嘗試理解受訪者的處境，才能得到故事的精髓。

戰地的採訪行程很「硬」，我們沒有時間在單一地方做多餘的停留，能夠留下來的只有我們的祝福以及對未來的期盼。願賽義德澤納布小鎮的居民們，都能獲得他們堅信的阿拉最妥適的照顧。

險境：身處駁火之間

一日，我們的採訪行程要從敘利亞內戰起源城市荷姆斯（Homs），拉車到聯合國世界遺產古城帕米拉（Palmyra）。前一晚，我們的 Fixer 不停向荷姆斯官員以電話詢問訊息，這關係著我們到底能不能成行。在二〇一〇年前，從荷姆斯開

▲荷姆斯是敘利亞第三大城，也是長達數十年內戰的發源地。內戰前當地有近百萬人口，內戰爆發後，市區一半以上被打成廢墟，多數人淪為難民逃往其他城市。

車到帕米拉只需大約一個半小時到兩小時的車程，內戰加上伊斯蘭國和其他極端組織的出現，兩個城市間的沙漠公路變得阻礙重重。

在敘利亞，伊斯蘭國是主要的極端組織，但對當地人而言，還有努斯拉陣線（al-Nusra Front），也是讓人聞之色變的反政府組織。

努斯拉陣線在敘利亞內戰發生後不久成立，隸屬蓋達組織，被美國認定為恐怖組織。不過和伊斯蘭國不同的是，努斯拉陣線並不以攻擊西方國家為目標，他們的主要敵人是巴夏爾・阿薩德（Bassar al-Asad），因此，就算被美國認定為恐怖組織，卻因為有著和美國一樣的敵人，因此獲得美國不少暗中的軍事支援，對抗敘利亞政府軍。

這就是為什麼帶著我們的官員如此緊張，有太多陣營把攻擊目標瞄準敘利亞政府，內戰打得火熱，和阿薩德站在同一邊，他們不知道什麼時候可能就

▲敘利亞內戰發源地荷姆斯。

被鎖定。而我們循「正常管道」進入敘利亞，自然就被認為和阿薩德「同一陣線」。敘利亞內戰的細節不是本書想要著墨的，因此不會占用太大篇幅討論政府軍和反叛軍的恩怨情仇。

二〇一五年至二〇一六年間，從敘利亞境內延伸至全世界的最大威脅仍然是伊斯蘭國。在官員的積極溝通和確認安全暫時無虞的狀態下，我們終於獲准從荷姆斯前往帕米拉，只是這趟路程比起承平時期足足多了一倍的時間。沿途還有只剩破爛鐵架的車輛被棄置在路邊，不知道是用來發動攻擊的汽車炸彈，還是被無差別攻擊的無辜用路人。

當天我和攝影分開搭乘兩輛車，我的攝影同伴在領路的前車，由官員陪同，他在前座也能拍攝沿途畫面，我和我的 Fixer 則跟在後頭。行駛約莫一個多小時後，前方出現了岔路，不知為何，

▲荷姆斯被摧毀的城市巷弄裡，仍有堅持留守家園的人們，修行車的老先生說自己在荷姆斯生活了一輩子，不願走也不知道走去哪裡。

我們這臺車的駕駛竟然走進了岔往左邊的小道，我看著前方的車子越來越遠，我急了，因為戰地採訪，同伴必須隨時都在彼此的視線範圍之內，以確保對方是安全的，但此時此刻，我卻不知道他的去向。我在車內嚴肅的說：「我要立刻看到我同伴的車，請你馬上開回主幹道上。」我沒有很客氣，幾乎是用命令的語氣。

我們的司機不是荷姆斯人，也不是來自帕米拉，走錯路或許情有可原，但是在戰亂時期，又有伊斯蘭國等極端組織攻擊的風險，我當下無法體諒他對路況的不熟悉，更失去了同理心。司機話本就不多，他見到右邊出現一條小徑，是往主幹道的方向，沒有多想就急奔而去。還好當時的天候狀況很好，方向明確，沒多久我們回到了大馬路上，再往前一些，終於看到了我同伴的車，停在路邊等著我們。

我們的車子慢了下來，停在前車旁邊，等不及我們搖下窗戶，帶路的官員就氣沖沖地重甩車門走向我們，朝著我這輛車的司機咆哮大罵。我聽不懂，翻譯說官員罵司機沒跟好，這條路經常有攻擊事件發生，他責問司機萬一發生意外誰能負責。司機是大約四、五十歲的大叔，靜靜地聽著官員的斥責。途中的這個小插曲，讓我魂魄幾乎散去，一度感到暈眩。

會合後又再走了約莫兩小時，我們終於抵達了帕米拉。市區的殘破和荷姆斯內戰造成的毀滅性破壞不太一樣，這是和伊斯蘭國對戰的痕跡。繞行街道幾圈，我沒印象看到多少人在街上行走，這裡已經沒有生活機能，願意留下來的人只是不捨離開故鄉的土地。

伊斯蘭國的燒殺擄掠，不因你是老弱婦孺而有所心軟，帕米拉市區建築外牆幾乎每一棟都被寫上了數字當作標記，當地人告訴我們，這是伊斯蘭國做的記號，讓他們知道哪一戶已經搜刮殆盡，或是哪一戶等待宰割。我們抵達時，伊斯蘭國已經被驅逐離開，阿薩德政權奪回了這座城市，但人民也早就逃散得差不多了，逃不走的，就成了一塚塚亂葬崗下的白骨亡魂。

帕米拉這個名字來自希臘語，更早之前叫塔德莫（Tadmor），原意是棕櫚樹。在敘利亞中部，西元前一世紀時是沙漠商隊重要的中轉站，也因為串聯羅馬帝國、波斯、印度和中國而成為繁榮大城。歷經不同帝國的盛衰更迭，帕米拉的重要性逐漸降低，最終成為被遺棄的沙漠市鎮。不過古代帝國建立的神廟建築，在此地保存良好，聯合國一九八〇年將其登錄為世界遺產。

古代居住在帕米拉的人們，受到巴比倫影響而衍生出自己的宗教信仰，他們的主神是「貝爾（Bel）」，創造了世界也掌管眾神，當地人建造了貝爾神廟（Temple of Bel），屹立超過兩千年，是敘利亞重要的觀光資源。二〇一五年，伊斯蘭國入侵帕米拉，打著真神阿拉的旗號，自然是容不下其他非我族類的信仰，貝爾神廟在這段時間被破壞，周邊其他重要世界遺產建築也難逃厄運，連同遭到毀損。

二〇一五年八月間的一則全球頭條新聞，是死守帕米拉博物館的八十二歲考古學家哈立德・阿薩德（Khaled al-Asad），儘管面對伊斯蘭國的威脅逼迫，仍不願透露重要歷史文物的保藏地點，遭到斬首殺害。他的遺體被懸掛在古城廊柱上，是伊斯蘭國對不聽話老百姓的示警，也是對全球的挑釁。我們訪問哈立德的兒子塔瑞克，他回憶全家逃離帕米拉前夕，唯獨父親堅持留下保護文物。

「有人告訴我，我父親在帕米拉的沙漠，被關在牢籠裡十天，每天早上四點被抓起來拷問。」塔瑞克回憶著鄰居告訴他的過程。「我父親的屍體就被放在距離帕米拉城不遠的地方，掛在廊柱上連續三天，伊斯蘭國成員禁止任何人靠近，也不准有人將他下葬。」

曝晒了好幾日的哈立德屍體，最後被伊斯蘭國丟棄在他最鍾愛的帕米拉古城的沙漠內，再也無人聞問。塔瑞克說，一位和父親熟識的鄰居趁著再無人關注此事後，默默地將他父親下葬，取下哈立德生前佩戴的眼鏡，交還給塔瑞克作為紀念。事隔多月，帕米拉擺脫伊斯蘭國的掌控，塔瑞克急著返回從小居住的帕米拉，

▲帕米拉古城（تدمُر）於 1980 年被登錄為世界遺產。最早的文獻紀錄在西元前兩千年就已經存在，曾經是東西往來必經的貿易重鎮，繁華興盛，乘載不同民族統治的歷史文化。ISIS 佔領帕米拉期間，古城神廟遺跡遭到難以回復的破壞。

想要找尋父親的遺體，但已經找不到了。

我們到訪帕米拉的時間在六月份，當時的氣溫白天已經是攝氏三十幾度，烈日當頭，我們拍攝時間短短不到兩小時，就已經消耗大量體力，就算當地偏屬乾燥，仍然無法承受長時間在戶外的活動。而被關在鐵籠裡的人，在沙漠的太陽下連日曝曬，還要承受日夜溫差。伊斯蘭國對待這些他們口中的「犯人」已經不當人了。我們在哈立德死守的博物館前，親眼見識了伊斯蘭國打造的刑具。

伊斯蘭國成員用一根根鐵管架出了鐵籠的外型，再用軟硬不一的鐵絲圍出外牆，製作出伊斯蘭國的「鐵籠城堡」。鐵籠上頭也用鐵絲彎折出伊斯蘭國國旗，這是權力的象徵，所有犯人都要服膺在威權之下。鐵籠狹小，但能塞進好幾人，這些人沒有活動空間，被置放在沙漠空曠處任由烈日曝曬。而伊斯蘭國成員則是依照其喜好，在不同日期將晒

▲帕米拉地方官員還原 ISIS 摧毀文物過程。

了好幾天的犯人拉出斬首。哈立德就是其一。再看看鐵籠鐵籠上立起的旗幟鐵桿，當地人告訴我們，部分人被斬下的頭就掛在上面。

拍完這個殘酷刑具後，我全身起雞皮疙瘩，極度不舒服。至今我仍然無法想像被關在裡頭動彈不得的人們，身心要承受多大的壓力和痛苦，在幾乎無法動彈的空間中，他們面對面相覷或是背對背感受著彼此的顫抖。他們會交談嗎？會彼此給予希望嗎？或是就絕望地一起等死？這些問題我想不會有人能夠回答。

帕米拉古城中，還有一座羅馬帝國時期遺留下來的劇場。這座劇場沒有受到伊斯蘭國的破壞，是幸運保存下來的遺跡。我們走進劇場，充分感受千百年前人們在這裡的生命和活力，也見識了建造者的野心，打算將這裡打造成當時的城市中心。即使在沙漠裡被風吹日晒了上千年，依舊不

▲帕米拉古城內的劇場，在 ISIS 佔領期間成為刑場，舞臺為斬首「犯人」的行刑臺，而 ISIS 所謂的犯人，就是敘利亞政府軍以及不願順從的民眾。

減其丰采。

駐守古城的敘利亞軍人打開了劇場大門，我們先是走上了舞臺區，望向圓弧形的觀眾席，如果我是藝文工作者，這應該會是我夢想中的表演場地吧。只是時間洪流帶走了文藝和浪漫，來到了殺戮的二〇一五年，這座舞臺成了伊斯蘭國的刑場。官員在舞臺上示範給我們看，他跪在舞臺邊，手往後擺，頭往前伸，他說人質們沿著舞臺排成一列，劊子手一個個揮刀，人頭也一顆顆掉落舞臺。觀眾席上是伊斯蘭國成員，拍手叫好，也有被迫歸順的當地居民，飽受驚嚇。

我們看到的劇場，已經沒有血跡，不知道得花費多少時間和心力，清洗過程中或許還能聞到飄散在空氣中的血腥味吧。看著當地人跪在臺上向我們說明著斬首過程，這要弭平心中多少的不安惶恐才能重現這恐怖場景？不過多次採訪戰地的經驗告訴我，這些飽受蹂躪的人們已經建立起鋼鐵般的內心防護網，他們可以若無其事地說著當年，但我仍相信，事發過程的當下，他們肯定經歷了極端的煎熬。

苦難：災厄與烽火齊聚之地

無止盡的內戰，讓敘利亞人無以為繼，伊斯蘭國的壯大，把數百萬敘利亞人推向流浪命運，讓無奈離家的敘利亞人被視為國際秩序混亂的源頭，何其無辜。整個敘利亞，阿薩德政權有效掌控包括首都大馬士革在內的大部分城市，但北部的阿勒坡和伊德利卜（Idlib）在內戰後被反叛軍長期占領，他們有西方聯軍當靠山，阿薩德最終只取回部分阿勒坡控制權。

拉卡就更不用說，是伊斯蘭國宣稱的首都，讓阿薩德也很頭痛。在伊斯蘭國入侵後，就成了反叛軍敘利亞民主力量（Syrian Democratic Force）的主要敵人。反叛軍和伊斯蘭國的對抗，讓阿薩德政府在某方面漁翁得利，因為美軍協助敘利亞反叛軍攻擊伊斯蘭國，在某段時間，拉卡幾乎天天遭受空襲，市區裡已經沒有一處完好。原住在拉卡的老百姓，被伊斯蘭國挾持作為肉盾，人間最苦難的境遇都在這裡發生。

拉卡歷經兩次伊斯蘭國的入侵，扯下最後一面伊斯蘭國黑旗的，是驍勇善戰的庫

▲奧瑪亞大清真寺完工於西元 715 年，歷經三次祝融皆能完整修復。在敘利亞內戰中未受波及，在伊斯蘭世界中被視為第四大聖寺。清真寺內寧靜莊嚴，信徒虔誠禱告，宛如兩寺外的戰火隔絕。

德族部隊，諷刺的是，庫德族人不見容於敘利亞、伊拉克或土耳其，他們在伊拉克北方有庫德自治區，但周邊國家的許多戰事，還得靠他們的軍力才能獲得成效。當然，庫德軍隊拿下拉卡，換上ＹＰＧ（人民保衛軍）旗幟，這並非阿薩德政府的勝利。庫德軍有美國的支持，才有足夠戰力對抗四面而來的敵人，但川普宣布撤出敘利亞之後，這支ＹＰＧ部隊也被美軍棄之不顧，自立自強了。

儘管伊斯蘭國最終四分五裂，但這些成員散至各地後仍然維持著過往的精神信仰，相信著總有一天會復國成功，於是各個分支分別進行小規模攻擊行動，世界某些角落的恐攻事件，還是能看到發動者對伊斯蘭國的遠距離效忠。

經過十幾年的戰亂，伊拉克北部城市長期處於無政府狀態，就連人道救援組織要進入都很困難。唯一較有效率運作的，是在阿勒坡成立的「白頭盔」

▲敘利亞民風較為開放，女性可自由穿著。

組織。他們在炸彈爆炸的廢墟中搶進救出生還者，也在各種人為或天然災害中和死神拔河搶救人命。只是幾十萬甚至百萬的人命，哪是區區一個救援組織可以完全掌控的呢？

因為區域安全的不確定性太高，漸漸地，這幾座城市能夠得到的國際資源越來越少，再加上烏俄戰爭發生後，烏克蘭狂吸了來自全世界的大部分資源和同情心，誰還在乎地處邊陲的敘利亞北部戰區呢？這樣的結果，就導致了大規模災害發生的時候，這裡的老百姓無法在第一時間獲得外部救援。

中東時間二〇二三年二月六日凌晨，土耳其和敘利亞邊境發生芮氏規模七．八強震，土耳其東南部十個省分和敘利亞北部包括阿勒坡、伊德利卜和拉卡等千萬棟建築瞬間倒塌，首震發生九個小時後，又有另一起規模七．五的地震隨之而來，專家說這已經是「雙主震」的嚴重天災。

這場地震是成為當時的國際新聞焦點，數十個國家的救難隊搶在第一時間湧進土耳其救災。光是土耳其的災區就有將近三個臺灣大，再加上敘利亞的災區，是當地百年來最慘重的天災，救災難度可見一般。

相較於全世界，包括臺灣在內，對土耳其快速伸出援手，就連聯合國都忘了敘利亞北部也是重災區。兩國加起來死了五萬多人，直到地震發生後第四天，才有六輛載運救援物資的卡車從土耳其開進敘利亞。聯合國主管人道救援事務的副祕書長葛瑞菲斯（Martin Griffith）六天後親赴阿勒坡，在眾多媒體前呼籲全球應該給予敘利亞災民們更多的關注和資源，他同時也在推特上寫下：「我們辜負了敘利亞人」，看似沉痛的呼喚和自省，在我看來卻是虛偽矯情的展現。敘利亞十幾年來持續上演著的代理人戰爭，或者說是縮小版的世界大戰，不就是聯合國漠視人權毫無作為的下場嗎？

我在土敘邊境採訪震災時，遇上了許多在幾年前從敘利亞逃出來的難民，排著隊等著回敘利亞，他們的心境充滿矛盾，因為土耳其政府只讓他們回家一至三個月，超過時限，難民證就會失效。他們急著看看故鄉的家人是否安好，回家的路既遙遠，多數又已經被地震震毀，計算來回的路程，著實是個難題。這群是難民也是災民的敘利亞人，最終只能靠著阿拉的指引帶路，繼續人生的行程。

第五章　被漠視的百年飢荒——葉門

Yemen

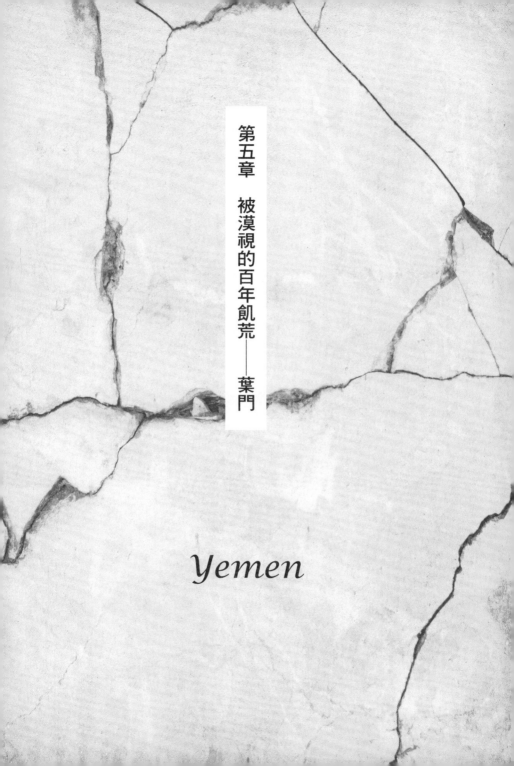

沙烏地阿拉伯
葉門
納季蘭
吉贊
薩達
馬里卜
賽雲
沙那
哈拉茲
荷臺達
紅海
扎瑪爾
拉達
穆卡拉
伊卜
貝達
哈尼什群島
達利
塔伊茲
穆哈
薩布
亞丁
亞丁灣
索科特拉島

隨著二〇二三年十月七日以色列與哈瑪斯戰爭的爆發，葉門再次引起了國際的關注。統治葉門北部首都沙那（Sanaa）胡塞組織在紅海不斷對商船發動攻擊，並對美軍無人機進行襲擊。這些行動不僅威脅到了國際航運和全球經濟，更顯示了葉門發動的戰火已經可以衝擊以色列，甚至是全球經濟的順暢運行。

胡塞組織的攻擊行為，既是對葉門內戰的一種延伸，也是其展示實力、影響國際局勢的手段。被許多西方國家列為「恐怖組織」的胡塞，竟然能夠發射足以威脅以色列的中程導彈，這幾乎是具有國家級軍事武力的能力，那我們還能把胡塞只是當成一個「組織」來看待嗎？而紅海是全球航運的重要通道，任何對其安全的威脅都可能引發國際社會的強烈反應。美軍的介入讓局勢更為複雜，全球都在觀望，葉門的戰火是否會升級為更大規模的中東衝突。

質問：邊境移民官的小房間

在這個被戰火肆虐的國家，進入葉門的旅程從一開始就充滿挑戰。從阿曼邊境進入葉門，我們被阿曼移民官扣留了將近四個小時。兩個臺灣人要進入葉門，這在他們看來是一件異常可疑的事情。地陪一開始告訴我們以遊客的身分進入，因為葉門南部的確仍有遊客進入，我們的地陪就是旅行業者，這樣的說法似乎可行。但顯然移民官並不信任我們。這一趟和我一起進入葉門的是資深攝影張峻德，我們一起去了敘利亞、伊拉克，這是我們第三次一起進入戰地。

經過一輪的詢問後，阿曼的移民官把我和張峻德分別帶入不同的房間，心中覺得不太妙。我在一個大約三坪大的小房間裡，四面白牆，一張桌子、兩張椅子，還有個小櫃子，有窗戶但是緊閉著。移民官指示要我坐下後便走出房間，短短大約兩分鐘的獨處，寂靜到我腦子裡有上百種劇情在跑。我們會被拘禁？會被遣送返臺？會被當成間諜？還是會被嚴刑逼供？我當下不知道張峻德的狀況，焦慮感更重了。

移民官在我因為各種腦補劇情而感到頭暈的時候走進了房間，劈頭就說：「你們到底要去葉門做什麼？」我說：「我和同事有個長假，對葉門好奇，所以相約一起來旅行。」這樣的說詞如果放在太平盛世的國家，我想應該不太會讓人起疑，但是這世界上有多少人對戰地會充滿好奇而行動前往呢？尤其是當地少見到的臺灣人。或許是連我自己對這樣的說詞都存有疑慮，閱人無數的移民官自然看到了我臉上的心虛，他沒有多說什麼，又走出了房間，這是一場心理戰。

這次過了約五分鐘，移民官進門坐下，他說：「你沒有說實話。」我看著他，心想還有什麼理由可以讓我蒙混過關。光這幾個字已經讓我冷汗直流。

移民官再問一次我和阿德到底是什麼關係？我說我們真的就是同事，但顯然阿德在被詢問的過程中可能因為回答過於簡略，讓移民官有了更多質疑，移民官直接跟我說：「你同事說跟你不熟。」我被問得啞口無言，因為我不知道這是移民官的試探，還是阿德真的這麼說。但不管是哪一個，我盤算著，如果我再胡扯下去，只會讓我們陷入困境。於是我坦白了：「我們其實是臺灣來的記者，因為非常關心葉門內部的饑荒狀況，所以想要進去採訪。」移民官：「你知道裡面在打仗嗎？非常危險。」我說：「我知道，正因為外界對葉門內戰的報導太少，所以我們才想要進去。」

移民官隨後取出一份文件，上面寫了一個日本人的名字，他問：「你認識他嗎？」如果我當下能用鏡子看自己的表情，肯定也能看出這傢伙（我自己）的不對勁。因為在我出發前往葉門之前，有一位日本獨立記者和我約好了一起在葉門碰頭，同行採訪。但是他在阿曼機場被海關攔下，護照被收走後困在機場好幾天，最後被遣送回日本。原因是他曾經赴阿富汗採訪，並且和塔利班聯繫，被日本政府視為「高危險人物」。如今這位日本友人的護照被日本政府取消，在我撰寫這本書的當下，都還無法出境。而移民官文件上的日本名字，就是這位日本獨立記者。

我向移民官坦承，我們原本約好要一起在葉門採訪，不過他後來無法前往，但我們並沒有實際碰過面。我拿出我過去在敘利亞、伊拉克採訪的新聞片段給移民官看，證明我就是記者，而且希望把戰爭現場和葉門百姓的現況讓更多觀眾知道。問到最後，移民官終於態度軟化，他說：「你們要自己小心，等你們回來的時候，我要看你們拍了什麼內容。」我嘴裡感謝著移民官的放行，但腦袋裡卻想著，本來計畫原路往返，之後得想辦法改道而行了。

煎熬：二十六小時的車程

葉門的歷史充滿了動蕩與衝突。這片土地自古以來就是商業貿易的重要樞紐，據說鄭和下西洋，就來了葉門好幾趟。葉門這塊土地分裂多時，不同政權分治，在一九九〇年，南北葉門統一後才有了現代葉門的樣貌。然而，統一並未帶來和平與繁榮。二〇一五年，胡塞叛軍推翻了當時的總統哈迪，內戰自此爆發，葉門又陷入分裂狀態。

葉門邊境沒有現代化的安檢設備，一切都簡陋至極。安檢人員揹著長槍，要求我們打開行李箱。檢查過程匆匆結束，一輛大卡車要過境，安檢人員就匆匆把我們打發走，轉頭去和卡車司機交涉了。這對葉門的國家和區域安全來說顯然是個大漏洞。許多戰亂國家都是如此，很難有效掌控邊界人車的流動，這也是為什麼各種突襲行動如此盛行。

穿越葉門的旅程漫長而艱辛。從邊境到東部城市賽雲就花了八個小時，待了兩晚後，接下來的目標就是首都沙那。原本只需再八小時的車程，但因為層層關卡而變得漫長無比。地陪拿出文件小心翼翼地交代，葉門分裂，政府和胡塞叛軍有各自的檢查哨，絕不能秀出敵對陣營核發的通行證。在哈迪政府控制區，我們只能化為NGO身分，而在胡塞組織控制區，才能表明媒體身分。

地陪警告我們，如果拿錯通行證，可能會被當成間諜拘留或驅逐。更糟糕的是，我們的攝影機腳架被懷疑是火箭砲發射架而遭沒收。為了不讓採訪中斷，我們只能接受這些莫名其妙的指控。我原以為地陪會跟著我們從南部到北部沙那胡塞控制區，但沒想到他把我們送上巴士就離開了，放我和阿德自己闖關。而我們的腳架和防彈衣，也就被留在賽雲了。

在這一路上，我們到每一個檢查哨都得聚精會神應對，一方面我和阿德都不會說阿拉伯語，兩個外國人獨自旅行著實怪異，因此吸引了不少當地人的好奇目光。檢查哨的士兵，有些會上車一一查驗乘客的身分，有些則是讓乘客下車受檢。當車子進到了胡塞控制區，在一處檢查哨停了下來。臨檢的年輕士兵拿走了我和阿德的護照後，進到小房間裡就再不出來。我們焦慮地在路邊等，但也毫無辦法，更不能催促。

我們被卡在檢查哨，車子也不能繼續走，整車的乘客都在陪我們等，但顯然當地人面對這樣的狀況已經習以為常，絲毫沒有抱怨。開始有部分乘客來跟我們攀談，關心我們的情緒，安撫我說：「不要緊張，我們都會陪你等。」葉門人對外來者的關心，讓我焦慮緊繃的思緒稍稍放鬆。這時的心理反而起了憐憫，這麼善良的人們，怎麼會被命運困在這樣的烽火之地呢？但這是一廂情願的想法，我相信對當地人而言，這塊土地就算被蹂躪得不成形，也是他們的鍾愛之地。

從賽雲到沙那，正常只需八個小時，但因為內戰我們得繞道而行，花了十八個小時才到中轉城市拉達（Rada），再前進到沙那又是八個小時。煎熬的二十六個小時，再加上阿曼海關的陰影，讓我更加確定回程不再走這一趟路。我們最後決定轉往亞丁機場離開葉門。

亞丁本來沒有在我們這一趟的行程計畫中，臨時改道反而讓我們有機會一睹這座曾經送往迎來的熱鬧商港城市。但這一眼，殘酷又真實。許多建築留下彈痕傷疤，更多的是已經傾頹倒塌。十五世紀以來，這個富庶的城市在鄭和下西洋的歷史裡，曾滿是歐洲商船的奇蹟，現在卻被戰火蹂躪，面目全非。也因為鄰近非洲，許多葉門人找了人蛇偷渡到彼岸，甚至偷渡不成，命喪血港灣。而失去首都的政府軍，則把亞丁當成重要據點。

幾度因為戰爭關閉的亞丁機場，當時只開放給葉門航空起降。航班不固定，更會隨著內戰局勢取消起降。外國人起碼還能選擇來去，但活在戰地的葉門人許多根本逃不出去，離不開。實際走了一趟動盪又封鎖的葉門，感受到在大國角力下的人權，渺小又卑微。而外界會有實際援助，讓他們有尊嚴地活下去嗎？

轟炸：滿目瘡痍的首都

受到二〇一〇年的阿拉伯之春運動影響，葉門也在二〇一四年引爆政變，反叛軍胡塞組織推翻當時執政的哈迪政府，控制葉門首都沙那。葉門總統哈迪向鄰國求救。二〇一五年，沙烏地阿拉伯聯合周邊國家，以伊朗提供武器給反叛軍為由，對胡塞控制區進行空襲，葉門內戰正式爆發。

一顆顆炸彈投向葉門，沙烏地阿拉伯聯軍聲稱打的是武裝分子，為的是保護葉門，防堵伊朗勢力入侵。我們的嚮導凱斯艾哈邁德（Kais Ahmed）說：「如果你真的要保護葉門，你就不要管我們。沙烏地阿拉伯可以自己去面對伊朗，不用來管葉門。為什麼他們要用這議題當理由來對葉門進行攻擊？」

從二〇一五年葉門內戰爆發開始，沙國聯軍投進葉門市區的炸彈不計其數。曾經有武裝衝突地區獨立調查組織公布數據，二〇一六年一月到二〇一八年十月的葉門武裝衝突，已經造成五萬七千五百三十八人死亡。若再加上二〇一五年內戰爆發初期時的死亡人數，有將近八萬人，其中大部分是平民，而這些數字還不包括因為饑荒造成的「緩慢」死亡。

二〇一八年十二月，在聯合國的安排下，哈迪政府和胡塞組織雙方在瑞典進行了一場合談，並達成停火協議的共

▲沙那的傳統塔樓多為 5 到 9 層的高層建築，主要由泥磚建造，並在外牆上經常使用白色石膏進行裝飾，這些裝飾以幾何圖案或精美花紋為主，突出塔樓的邊緣和窗戶，增添華麗且獨特的視覺效果。這種裝飾風格在沙那非常典型。塔樓的內部設計也非常有趣，通常下層用作倉庫或商業用途，而上層則是住宅空間，隨著樓層的升高，居住空間越來越私密，最頂層往往是家族的客廳或接待室。

識。然而，僅僅兩個月後，在我們到葉門採訪期間，沙國聯軍又再度對葉門進行空襲轟炸，停火協議宛如廢紙

我們透過當地人脈，訪問到當時反叛軍胡塞組織的新聞部長也是發言人的達伊夫・阿拉（DhaifAllah Al-Shami）。他批評沙國聯軍對平民的空襲，已經造成空前的人道危機：「沙國從來沒有說實話，他們總是說謊。他們會誤導民眾以及控制媒體輿論。我們舉個例子來說，他們攻擊沙那民宅，轟炸薩達的校車，都是以攻擊軍事設備當理由，但最後證實都是假的。」

在葉門期間，我們遇到了沙烏地阿拉伯聯軍對沙那周邊丟下了十幾顆炸彈，我們到了其中一個被攻擊的村莊，居民帶著我們看被炸彈轟出的大洞，周邊的房子結構都被震碎。聯軍聲稱這裡是軍事基地，不過我們看到的只是民

▲葉門人聚集路邊打天九牌，據傳天九牌是鄭和下西洋多次停靠葉門港口時傳入。

宅。

炸彈掉落的地點就在民宅門口。這場深夜十一點多的聯軍空襲，讓當時屋內的三十二人驚慌失措，其中一位穆拉塔夫（Mulataf）說：「我正準備要睡覺，就聽到戰機的聲音，然後炸彈掉下來，爆炸聲非常大，房子也劇烈搖晃。」另一位民眾穆罕默德（Muhammad）則表示：「孩子都在尖叫，還有哭泣。我該怎麼說，這是很可怕的情景，我們完全無法忘記那一晚。」這起空襲事件發生在我們採訪葉門期間的二〇一九年一月中，當晚沙國聯軍投擲至少十顆炸彈，意味著二〇一八年十二月哈迪政府和胡塞組織在聯合國斡旋下，在瑞典簽署的停火協議根本毫無作用。

▲葉門彎刀，當地稱為「Jambiya」，通常由男性佩戴，特別是在重要場合和慶典中，如婚禮和部落集會。彎刀的刀鞘精美，常用金屬或象牙等材質裝飾，刀柄的設計和材料往往反映了佩戴者的社會地位和部落身份。Jambiya 不僅是一種武器，更是榮譽、勇氣和男性成年禮的重要象徵，是葉門的重要文化。

達伊夫・阿拉說：「沙國聯軍對瑞典的協議並沒有達成共識。與會的國家也團結不起來。因為葉門的地理位置重要，很多國家都很貪心，包括沙烏地阿拉伯、阿拉伯聯合大公國，還有美國、歐洲、以色列，而這些國家對葉門都有不一樣的目的與企圖。」

胡塞組織指控聯合國表面上居間協調，檯面下卻默許西方國家持續對沙國聯軍提供武器，傷害葉門。就連被聯合國教科文組織列入世界遺產的沙那古城也難逃遭空襲破壞的命運。我們進到了古城區拍攝，看到了一名小男孩，他回憶道：「當時我在附近玩，突然看到房子爆炸，我很害怕，馬上通知其他人去救人，鄰居家爆炸著火了，大家都很害

▲訪問胡塞組織（Houthi movement）訊息部長。胡塞組織是葉門的什葉派扎伊迪穆斯林運動，由胡塞家族領導，1990 年代興起。該組織最初以反對政府腐敗和爭取扎伊迪社區權益為宗旨，後來在葉門內戰中迅速壯大，並於 2014 年控制了首都沙那及北部大片地區。胡塞組織被認為與伊朗關係密切，並受到其支持，而沙烏地阿拉伯及聯軍則支持反對胡塞的哈迪政府，形成地區衝突。

怕。」三年前只有九歲的小男孩，看著鄰居一家十幾個人死在被炸毀的老房子裡。

北葉門因為聯軍的封鎖，經濟狀況越來越糟，就連政府部門也付不出薪水。胡塞組織的官員侯賽因（Hussein Mofadha）說：「直到二〇一六年，哈迪政府把中央銀行搬到亞丁去，北部的政府機關就再也發不出薪水了。如果有任何人想在政府部門工作，將很難拿到薪水，因為這裡（北方）沒有很多資源，他們（哈迪）掌握了大部分資源，尤其是石油，占了這個國家百分之九十的收入。」

葉門的石油在沙烏地阿拉伯的掌控下，禁止開採，只能從國外進口，當地油價攀升四到五倍，造成物價跟著飆漲。然而，失業人口越來越多，就算有工作，也領不到薪水。聯軍的目的是癱瘓胡塞組織占領區，讓民眾反抗叛軍，使其腹背受敵。達伊夫・阿拉：「我們有時候需要承受來自媒體的指控，認為我們對老百姓有不人道的對待。有媒體曾經指控我們禁止來自沙烏地阿拉伯的醫療物資發放到醫院或是人民的手裡。但事實上，衛生部門檢查過那些醫療物資，幾乎都是過期的疫苗和藥品，品質可能早就有問題了。我們當然不會讓這些東西發送給人民，否則這些人沒有被炸死，反而會因為使用這些過期藥品而對身體健康造成危害。」

不過，對於國際社會質疑胡塞組織接收伊朗的武器支援來對抗哈迪政權，達伊夫・阿拉雖然沒有承認，也不否認。達伊夫・阿拉說：「沙國的機場被無人機攻擊後，他們便對外界指控，說無人機是伊朗製造的，提供給我們攻擊沙國聯軍。其實怎麼會是伊朗給我們的呢？大家都知道，整個葉門都被沙國封鎖了，武器根本沒有管道運送。我們必須老實說，這些無人機是在葉門製造的，葉門人很厲害的。」

胡塞組織是不是真的有能力製造無人機？這對許多人來說都是個問號，但他們利用大量無人機發動攻擊卻是不爭的事實，在以色列哈瑪斯戰爭爆發後，他們甚至有能力朝著以色列發射中程導彈，這樣的軍事實力，已經跳脫出一個「組織」的範疇。胡塞雖然掌控了沙那多年，但迄今卻不被國際社會承認，甚至不少國家仍把他們列為恐怖組織之列，背後的老大，就是伊朗。

在盛產石油的阿拉伯半島，葉門卻沒有享受到石油帶來的財富，成為阿拉伯世界最貧窮的國家之一。國內的政治鬥爭，先是擴大成內戰，之後演變成沙烏地阿拉伯聯合西方強權對抗伊朗的代理人戰爭。

浩劫：截斷物資引發的飢荒

在葉門內戰中，沙國聯軍封鎖了葉門所有機場和港口，其中最重要的就是荷臺達港。荷臺達港位於葉門西部，面對紅海。過去，葉門有七成以上的物資都是從這裡進口，七成以上的人口也沿著荷臺達港搬到首都沙那周邊的城市居住。因此，封鎖荷臺達等於掐住了葉門的喉嚨，不讓它繼續活下去。聯軍的目的，是要讓占領這一地區的胡塞組織感受到壓力，讓人民知道胡塞組織無法解決困境，進而反對胡塞組織的統治。

「大家都沒有工作，不知道要做甚麼。我們是漁夫，我們的船就停在那邊，不能動。如果要去捕魚，都要被檢查。」一位荷臺達的漁民朝著我們大吐苦水。

我們在荷臺達的漁港採訪時，大部分的漁船停靠在港邊。漁民告訴我們，他們只能在港口周邊捕魚，只要把船開出海，就會有軍艦開始對他們盤查甚至攻擊。漁獲量大幅減少八成。我們趕早在上午七點多進到漁港，許多買家和小販討價還價，價錢談不攏，總還有其他人搶著要。叫賣聲此起彼落，看似熱鬧的市場景象，卻只是一個角落。在這個漁市裡，大多數的攤位是空的，即使有

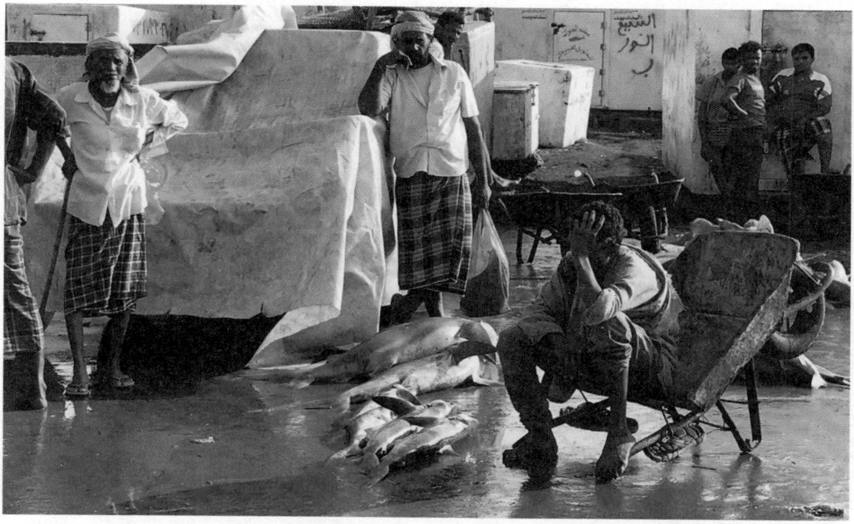

▲荷臺達港是葉門最大的深水港，食品、燃料、藥品和基本生活物資，約 70% 至 80% 的進口商品透過荷臺達港進入葉門。由於葉門自 2015 年以來的內戰，該國面臨嚴重的人道主義危機，荷臺達港成為聯合國及其他國際援助組織向葉門運送糧食、藥品和生活必需品的重要通道。荷臺達港的地理位置極具戰略意義，位於紅海沿岸，是全球最繁忙的航運路線之一。

開張做生意，方形的大檯子也根本擺不滿漁貨，不過就算是零星的幾條魚，也是用命換回來的。

「過去有些海域，漁民常常去，漁獲非常豐富，但現在已經不能去了。整體的生活差很多，你看船都被暫時停放在港邊，還有一些船被炸毀被打爛，很多漁夫被殺害。不管在海邊或海島，經常會收到有漁夫屍體的消息。」漁港發言人穆罕默德（Muhammad Alhasani）說。

漁港發言人告訴我們，戰前每年平均可以有大約一萬噸的漁獲量，但戰後銳減到只剩二千噸。漁民收入減少八成，魚獲減少了，價格也因此飆升。像是他手中拿的新鮮魷魚，過去一公斤二千元葉門幣，現在要價四千元，足足漲了一倍。「不管情勢如何，至少讓我們能捕魚。但是現在連油都買不到了。我們願意到任何地方去加油，我們不管油的價格多貴，至少國家要努力幫我們，讓我們的漁船有油可加。」而這樣的願望，就算說出來了，還是難以實現。

我們在二〇一九年一月底到訪，內戰的空襲炮火頻率已經降低，但空襲時百姓能跑，封鎖後卻等於要每個人都挨餓。荷臺達碼頭是葉門最重要的「命脈」，幾乎大部分進口糧食和救援物資都要經過這裡。封鎖荷臺達碼頭，等於是讓胡塞控制區的葉門人活不下去。

沙烏地阿拉伯聯軍不僅在外海封鎖，為了徹底讓碼頭運作癱瘓，幾座搬運貨櫃的起重機都曾遭到空襲轟炸，就是要斷絕掌控荷臺達的反叛軍後路。反叛軍胡塞組織指控聯合國默許封鎖，才會造成葉門百年來最嚴重的饑荒。「很可惜聯合國無能為力，幫不上任何忙。有時候就連聯合國的船也會被禁止進入港口。真的很可惜，聯合國的功用已經成為侵略犯罪的掩護。」荷臺達碼頭主任亞哈亞（Yahya Abbas Sharaafaddin）在接受我們訪問時顯然掩藏不住憤怒。

當時有將近五百項民生物資和藥品被禁止進口進入葉門。開放的只有大麥、米、糖、雞飼料和少量石油。我們的攝影機拍到一艘停在碼頭外的船隻，就是準備傳送石油，但禁止靠岸，只能用輸油管。而其他的民生物品，只能靠國際組織帶進葉門。

我們在荷臺達市區的一座倉庫裡，看到不少儲存的食用油、豆子、麵粉等，這是間私人公司，他們和世界糧食組織合作，要送到貧困的人家裡去。戰爭期間，部分私人公司轉型，和國際組織簽約運送物資。找不到工作的人，打聽到了機會，就來搬搬貨，打打零工。每搬一袋有三十元葉門幣，約〇．〇三美元，但這機會也不是天天有。許多家庭還是得靠外部援助才能撐得下去。

葉門內戰面臨最嚴重的人道危機，就是饑荒問題。因為北部機場和港口被封鎖，重要醫療物資和民生用品無法進口，老百姓窮到沒東西吃，甚至只能煮樹葉餬口，導致嚴重的營養不良。根據聯合國截至二〇二四年三月的統計，葉門內戰爆發以來，有將近四百五十萬人流離失所，二千一百六十萬人需要人道援助和保護服務，烏克蘭戰爭爆發後全球糧食和燃料價格暴漲，也打亂了基礎生活用品的供應，加劇了葉門的慘況。聯合國另一項統計顯示，葉門的衝突已造成將近三十八萬人死亡，其中大部分是由於飢餓和缺乏醫療保健造成的。

我們此行也進到了醫院採訪。在病房中，醫生掀開了一個兩歲孩子的衣服，只剩下皮包骨的狀態。他說：「你看，她的狀況非常糟糕，長期營養不良，體重僅四公斤。」葉門的醫院昏暗嘈雜，許多孩子共用一個病床，別說是病人了，就連健康的陪病者進到醫院恐怕都受不了。

葉門的醫療困境讓多數醫療人員感到絕望，其中一位醫生胡達很無奈地說（Huda Alraim）：「沙那的藥物無法滿足病人的需求，許多藥物當地沒有，一定要從國外買進來，但有許多時候這些藥物無法進口葉門。而有許多病人的家庭經濟狀況無法負擔這些藥物，病人的狀況會越來越差。」

讓我印象深刻的是，我訪問著一名抱著孩子的母親，當下的眼角餘光，只知道有堆成一小坨的毯子放置在病床上，結果這名母親拉開毯子，裡面有一位極度瘦小的孩子，奄奄一息的躺著。

▲葉門婚禮是一個充滿傳統色彩和社區參與的重要儀式，通常持續數天。婚禮儀式充滿音樂、舞蹈和盛宴，男女分開舉行慶祝活動。男子持彎刀跳舞是一個具有象徵意義的傳統活動，這種舞蹈被稱為「al-Bara」。男子身穿傳統服飾，手持彎刀（jambiya），隨著音樂節奏進行集體舞蹈，展現勇氣與力量，象徵對新郎的祝賀和保護。部分地區的婚禮中，甚至還會有鳴槍的習俗。

我甚至覺得這孩子可能隨時都會失去性命，她瘦小到我竟然沒有意識到毯子底下會有一個人。

「拯救孩子」（Save The Children）組織的媒體主任蘇凱娜（Sukaina Sharafuddin）告訴我們：「當內戰剛剛開始，我們都不認為會超過一個月。我們以為這個世界會來救我們，會有一些緊急措施，這些混亂的狀態不會太久。但我們真的很吃驚，現在已經是第四年了，而葉門卻才剛剛得到媒體的注意。我們總覺得被忽略，總覺得被遺棄。我們認為人們對葉門一點興趣都沒有，因為這些衝突是很政治化的，對外來者而言可能是很複雜的。真正受苦的是這裡的百姓。我們說的是七十八%的葉門人，急需要人道救援，這幾乎是在葉門的所有人了。」

醫院為了讓病人家庭減少負擔，也在能夠負荷的範圍內提供援助，荷臺達的革命醫院醫生艾比爾（Abeer Yahya）說：「我們提供給他們醫療，目前也提供生活基本開銷，大概每天五千里亞爾（葉門幣，約六百五十元新臺幣）。藥物和營養品的部分，醫院和非營利組織合作，盡力幫忙這些病人。」

蘇凱娜見到我們來訪，相信這個世界或許還有些許希望，她也呼籲：「葉門已經是世界上對兒童來說最難以生存的地方。許多人還不了解葉門，認為葉門很複雜，但我們都很需要外界的援助。葉門人被殺害，兒童正在受苦。無辜的人好像活在石器時代。你知道嗎？我們還有希望，我們也必須懷抱希望，否則葉門就會慢慢消失，世界就只會默不作聲。所以我們很需要大家的協助，為葉門發聲，拜託不要忘記我們。」

骨氣：用畫作傳達的抗議

在荷臺達的街頭，我們看到一幅顯眼的街頭塗鴉。牆上寫著「美國殺死葉門人」（USA Kills Yemeni People），還有美國總統川普和沙烏地阿拉伯王儲的畫像，諷刺美國和沙烏地阿拉伯為了金錢和政治利益轟炸葉門。

「因為武器是美國的，背後支援從歐巴馬時代開始。那個金髮的『牛』……川普，我叫他『陷阱』，他在美國和我們之間設下圈套。這個美國總統給我們和平的訊息，然後把所有人所有團體全叫在一起談判，但提供一邊武器，卻放任另外一邊的人民被殺害。」我們的嚮導、也是媒體工作者凱斯在接受我訪問時這樣對我說。

用色大膽、畫風極具諷刺的塗鴉反映了葉門內戰背後的強權利益勾結。像這樣的街頭塗鴉在荷臺達特別多，我們打聽後才知道，這是一群藝術大學學生的創作。我們透過嚮導聯繫到藝術大學，進到了他們的畫室採訪。他們的作品大多以社會關懷為創作議題，反映戰爭後的社會現象。因為戰爭，葉門兒童的教育出現空前危機。

其中一位大學生的畫作反映了，葉門的學校裡雖然還有學生繼續上課，但突來的空襲卻可能成為學生一生的陰影。「炸彈破壞了教室，侵略留下了恐懼。」藝術大學學生馬吉德（Majed

Abduallah Goshom）說。畫作裡的細膩筆觸，把孩子們內心的恐懼生動呈現。其中一幅畫作裡的小女孩抱著娃娃，露出驚恐神情，看著一旁的女學生被砲火擊毀的建築壓倒，躺臥血泊之中。「這幅畫是在說，葉門的大樓被砲火擊毀，還有這裡的兒童也得不到保護。這裡的人權基本上都得不到該有的尊重。」馬吉德說。

這些大學生用自己專長的藝術創作，抗議沙烏地阿拉伯聯軍，以打擊恐怖分子為名，炸的卻是無辜學生。

二〇一七年十一月十一日，沙烏地阿拉伯聯軍空襲沙那，擊中市區的一所學校。學生們摀著耳朵，哭泣尖叫，大人只能強作鎮定，趕緊來接回自己的孩子。所有人穿梭來去，驚魂未定。我們取得當時爆炸後的畫面，裡

▲荷臺達市塗鴉「美國殺死葉門人」，抗議美國聯合西方國家空襲胡塞掌控地區的城市，造成大量平民死傷。

面的家長和孩子手足無措地吼叫著。

「不要怕，冷靜一點。」一位學生說。「我的表妹不見了。」另一位學生回答：「冷靜一點。」

一位學生家長說：「這樣不行，為什麼要攻擊學校？學校是孩子讀書的地方，我們應該要保護他們。小孩子都嚇死了。」混亂中，找到孩子的家長和孩子們相擁而泣，慶幸孩子雖然飽受驚嚇，還是活了下來。

而另一起轟炸更讓人心碎。二〇一八年八月九日，沙烏地阿拉伯聯軍再度以打擊葉門反抗軍為由，對葉門發動一波空襲。投下的其中一枚炸彈正好擊中當時滿載學童出遊的校車。一位目擊校車遭空襲的民眾說：「我難過到說不出話來，這是個非常不幸的悲劇。這起攻擊是不正義的，這根本就是犯罪。全世界不會有

▲租用的採訪車在開往山區途中拋錨，採訪團隊被迫中斷採訪長達兩小時。

人接受這樣的結果，這對每個人來說都是非常沉重的打擊。」

在這一場校車攻擊事件中，車上六歲到十一歲的學童有四十人喪命，再加上陪同的老師、司機以及遭受波及的路人，共有五十一人罹難。我們取得當地媒體提供的影片，空襲前校車上的學生們用手機紀錄同學們在車上的開心喧鬧。但他們都不知道，這一趟是死亡之旅。沙國聯軍曾經接受媒體訪問，堅持空襲目標是載有武裝反叛軍的巴士，不是校車。對外界指控他們攻擊無辜百姓違反了戰爭罪，一概不認。

爆炸影片中，聯合國兒童基金會提供的書包掛在殘破的車架上，這一幕多次被馬吉德畫進了作品裡。他的其中一幅畫是這樣的：地面上躺了一名斷了手腳，已經死亡的學生，但在樹上停了隻鴿子，象徵著內心還是期待有和平的一天。

「你對自己和國家的未來還抱持著希望嗎？」我們問馬吉德。「當然，未來還是很有很多機會的。」他回答。

卡特：葉門男人的活力來源

這一趟葉門行，也見識了當地的特殊文化。在葉門街頭，一定會看到的一個景象，就是每個男人嘴巴裡幾乎都在嚼著葉子。這個號稱葉門檳榔的葉子叫卡特葉。當地人說，嚼了卡特葉能夠讓情緒放鬆，在工作時卻能提神並且促進思考。但事實上，卡特葉因為含有麻醉物質，在大部分國家是被禁止食用的。不過在葉門，種植卡特樹卻是支撐國內經濟的重要產業，因為在葉門，平均每個家庭有一半的支出是花在買卡特葉上。

在葉門，看到人潮聚集，不要懷疑，有八成以上就是卡特葉市集。卡特葉是從非洲引進葉門，已經有上千年的歷史。古代阿拉伯人把卡特葉作為酒類的代替品。在葉門，走到哪裡幾乎都能看到嚼著卡特葉的男人。

「來看看，來買一把！」一位卡特葉市集裡的小販吆喝道。

卡特葉因不同品質和產地而有不同

▲葉門蜂蜜以其優質和獨特的風味而聞名，特別是哈德拉毛地區的「席德爾蜂蜜」（Sidr Honey），被譽為世界上最珍貴的蜂蜜之一。席德爾蜂蜜來自席德爾樹（Sidr tree），這種樹在乾燥和貧瘠的環境中茁壯生長，賦予蜂蜜濃郁的香氣、豐富的營養和強大的藥用價值。葉門蜂蜜傳統上被視為保健品，常用於促進健康和治療各種疾病，深受當地人和國際市場的青睞。

價格，如果價格喊到八千元里亞爾，將近二十元美金，已經是相當高檔。因為地形氣候的關係，葉門的卡特樹大多種植在北部。在葉門的首都沙那就有大片的卡特樹林。卡特樹抗旱好種，種植的第一年就能有收成，而且一年好幾次收穫，卡特樹生長期甚至長達百年。葉門人嚼的就是這些剛長出來的嫩芽。

在葉門嚼食卡特葉的幾乎都是男人，但也造成整個國家生產力低落。每天下午一點到四點，通常是葉門男人的「休息」時間，他們聚在「卡特房」圍繞一圈，每人一袋，一邊嚼著葉子，一邊天南地北的聊著。「當我們在嚼卡特葉的時候，我們感覺到比較多力量，會對工作比較積極。我可能在晚上開始寫東西，或是讀點書，或是開始思考很多東西，它讓我在工作上有更多的能量。」我的嚮導這麼跟我說。

聽起來似乎很有神效，但其實卡特葉裡因為含有麻醉物質，被許多國家列為和鴉片、古柯鹼類似的非法管制品。只剩下葉門及少數非洲國家能夠合法種植食用。再加上卡特葉長得快，一年收成好幾次，賺得多，很多人搶著種。「如果政府能夠解決這些事情，對下一代可能會比較好。不然就是每天五個小時只嚼卡特葉，不做其他事情，坐著放鬆嚼葉子喝水，浪費很多時間。」

很顯然，葉門人也知道嚼食卡特葉引發的問題，但知道歸知道，該嚼的葉子可不能少嚼。葉門媒體曾經報導，每個家庭的收入，平均有一半的支出是用在卡特葉上。部分富豪甚至一天就要花二百美金來買卡特葉。報導中也指出，葉門平均每天消費卡特葉的金額超過二千萬美金，但殘酷的是，有超過半數葉門人每天的生活費還不到二美金。卡特葉的需求看似龐大，但這終究只是內需經濟，並無法為葉門人創造更大的價值。相反地，降低了整體的工作效率，讓已經疲弱不堪的葉門經濟雪上加霜。

摩卡：頂級咖啡的起源

正因為卡特葉的內需太強，一年好幾次收成，變現的速度快，導致另一項在葉門有數百年歷史的咖啡種植快速式微。

很多喜歡喝咖啡的人對摩卡情有獨鍾。有人形容摩卡咖啡具有紅酒香、果香，甚至肉桂等綜合迷人香氣，既狂野又有它獨有的韻味。摩卡咖啡其實來自於葉門。在十七世紀，第一批咖啡從葉門的摩卡港出口到歐洲，獲得廣大迴響，因此就把葉門咖啡直接叫做「摩卡咖啡」。

葉門是最古老的咖啡生產國之一。早在五百多年前，當地人就已經開始種植咖啡。現在在葉門能看到的咖啡產地，大多在高海拔的陡峭山地。我們這一趟去的是哈拉茲（Haraz）產區，海拔二千公尺以上，是葉門咖啡品質最頂級的地區。

「我想是因為這塊土地，還有這裡的天氣，這對任何果樹都是非常重要的因素。所以咖啡的品質就是來自於氣候和土地。」葉門咖啡農胡賽因（Hussain Fatehallah）自豪地說。葉門屬於沙漠型氣候，土地貧瘠、水源缺乏，但這先天不良的氣候條件卻孕育出獨特風味的咖啡品種。有人說，這是老天爺送給葉門的沙漠紅寶石。

葉門種咖啡不灑農藥，全靠農夫細心照養。收成下來的咖啡豆，以傳統日晒法晒乾後，再用石磨去殼，和水洗法製作出來的咖啡豆風味截然不同。

「我們會先去採收咖啡，然後把他們攤在屋頂，晒在大太陽底下，從早上開始一直到日落。到了晚上會蓋起來，不會把咖啡豆暴露出來，因為氣溫太冷。這樣過了兩週之後，咖啡豆晒乾，就可以販售給批發商。」胡賽因解釋。葉門的咖啡會貴，除了產

▲葉門咖啡的起源可以追溯到 15 世紀，是世界上最早栽培和交易咖啡的地區之一。葉門的摩卡港（Mocha）是著名的咖啡出口地，因此「摩卡」成為了咖啡的代名詞。葉門的咖啡豆主要是阿拉比卡（Arabica）品種，其中一個特別的亞種稱為「摩卡豆」（Mocha beans），以其小巧、不規則的外觀和豐富濃郁的味道著稱。傳統上，葉門咖啡使用日曬乾燥法處理，這種方式保留了咖啡果實中的天然糖分，賦予咖啡豆更為複雜的風味。日曬處理。

量稀少、品質好，全用人工一顆一顆挑選採摘豆子，也是原因之一。

西方世界的葉門摩卡咖啡，最高紀錄曾經喊價一磅二百四十美金的天價。不過這樣的價錢，卻沒有回饋在葉門的咖啡農身上。反而因為國家混亂、人民窮困，為了快速賺錢，越來越多人改種卡特樹。「卡特樹讓你賺錢，每一天、每個月，非常快。但是咖啡需要時間。如果你今天種，三年後才會賺到錢，甚至四年後。所以對有些人會有問題，對比較窮的人來說，如果能有耐心種咖啡，我們就能重寫葉門咖啡的歷史。」咖啡農胡賽因說。

葉門咖啡因產區的差異有不同品種，各種口味都有愛好者，但只要是冠上葉門摩卡，幾乎是品質的保證。近幾年，葉門年輕世代開始推動「咖啡復興」，希望砍掉卡特樹，把咖啡

▲葉門在地簡易咖啡攤。葉門咖啡在市場上價格昂貴，高品質的咖啡豆都以外銷為主，在地咖啡攤販售的是次等咖啡，並且未經過濾，和出口的葉門咖啡味道差異極大。

種回來，讓全世界看到葉門風土的珍貴價值。只是葉門戰亂的環境如果沒有改善，儘管當地人以咖啡自豪，卻沒有消費者願意涉險進到葉門把咖啡帶出來，咖啡復興運動恐怕窒礙難行。

第六章　走過烽火大地

幕後：代理人的戰爭

若仔細分析本書所記錄的幾個戰地，我們都能夠看到代理人戰爭（Proxy War）的影子在裡頭。代理人戰爭在現代國際政治中越來越普遍，成為大國之間間接對抗的重要手段。在這種戰爭形式中，大國透過支持代理方進行軍事行動，達到擴展自身影響力和削弱敵對勢力的目的，避免直接的軍事對抗。在這樣的操作下，強國擴張了自身的影響力，卻讓代理人戰爭所在國的老百姓吃盡苦頭。

中東是代理人戰爭最典型的舞臺。敘利亞內戰自二〇一一年爆發以來，成為代理人戰爭的典型案例。伊朗和俄羅斯支持阿薩德政權，提供軍事援助和技術支持；另一頭，美國、沙烏地阿拉伯和其他西方國家則支持反對派，提供資金、武器和戰略支援。這場內戰演變成多方勢力的角力，導致數十萬人喪生，數百萬人流離失所。根據聯合國截至二〇二四年三月的統計，敘利亞內戰造成了超過五十萬人死亡，五百多萬人逃往國外成為難民，另有六百七十萬人在敘利亞境內流離失所，至今敘利亞內戰的影響仍然持續著，甚至引發歐洲的經濟動盪。

葉門內戰同樣是代理人戰爭。這場衝突主要是胡塞武裝與前葉門政府之間的對抗，背後分別有伊朗和沙烏地阿拉伯的影響。伊朗支持胡塞武裝提供武器和資金，而沙烏地阿拉伯則領導聯軍對抗胡塞組織。這場戰爭不僅造成了葉門最嚴重的饑荒，也使得該地區的地緣政治格局更加複雜。直到現在，葉門胡塞組織為了報復以色列對加薩走廊的攻擊，頻繁攻擊紅海商船已經對全球貿易和經濟產生重大影響。

烏俄戰爭是美俄代理人戰爭的另一個典型案例，也被轉化成民主對抗獨裁的戰役。自二〇一四年克里米亞被俄羅斯吞併以來，烏克蘭東部地區的衝突一直沒有停過。美國及其歐洲盟友向烏克蘭政府提供軍事援助和經濟支持，就連臺灣政府也跟著表態支持烏克蘭。在烏俄戰爭開打前，俄羅斯就不斷支援烏克蘭東部的分離主義者，供應武器和人力資源。烏俄戰爭無疑對歐洲安全格局產生重大影響。尤其是緊鄰烏克蘭的波蘭、緊鄰俄國的芬蘭以及瑞典，都陷入俄羅斯軍事擴張的恐懼中，芬蘭和瑞典也在烏俄戰爭爆發後加入北約，想要透過北約的軍事力量，預防俄國的入侵。

以色列與哈瑪斯之間的衝突中也可以看到代理人戰爭的影子。伊朗一直是哈瑪斯的主要支持者之一，提供財政援助、武器和技術支持。這些支援使得哈瑪斯能夠在與以色列的衝突中保持一定的軍事能力。伊朗的目標是透過支持哈瑪斯削弱以色列的安全，並擴大自身在中東地區的影響力。反過來看，美國是以色列最重要的盟友之一，提供大量的軍事和經濟援助。美國每年向以色列提供約三十八億美元的軍事援助，用於增強以色列的防禦能力。這些援助包括先進的武器系統、軍事訓練和技術支持。

由於代理人戰爭涉及多方勢力，衝突難以迅速解決，甚至會長期拖延，增加了衝突地區平民的痛苦和無辜人員的傷亡。國際社會的人道主義援助雖能緩解部分危機，但並不能從根本上解決問題。代理人戰爭增加了國際安全的不確定性，可能引發更大範圍的衝突。大國之間的對抗在地區衝突中表現得尤為明顯，一旦代理人戰爭升級，可能會導致更大規模的國際戰爭。就像烏俄戰爭不僅影響東歐地區的安全，還使得北約、美國和俄羅斯之間的緊張關係進一步加劇，造成全球性的潛在威脅。

下場：美國介入的失敗

美國常以世界警察自居，但以現在的國際勢力板塊來看，我們務實地說，如果沒有了美國這股力量，的確很有可能失序，但偏偏美國在每一次介入區域衝突時，都會引來更令人不樂見的後果，從阿富汗到伊拉克，從敘利亞到葉門，美國的介入往往以失敗告終。這些失敗的案例不僅暴露了美國在戰略設計上的缺陷，也顯示出其對當地複雜政治和社會環境缺乏深刻理解。

九一一事件震驚全球，美國遭遇史無前例的恐怖襲擊，隨後為了狙殺賓拉登，美國不惜對當時統治阿富汗並協助賓拉登躲藏的塔利班發動戰爭，目的就是推翻塔利班政權，摧毀藏匿於當地的基地組織。美國及其盟國迅速推翻了塔利班，但隨著戰爭進入持久戰階段，問題逐漸顯現。

美國在阿富汗的戰略目標不斷變化，從反恐轉變為國家建設，使得戰爭目標模糊不清。美國扶持的阿富汗政府內部腐敗問題嚴重，民眾對政府的信任度極低。最終，在美軍撤退後，塔利班迅速重組並重奪政權，顯示出美國對當地政治和軍事情勢的誤判。

二〇〇三年，美國以尋找大規模殺傷性武器（WMD）以及化學武器為由發動伊拉克戰爭，推翻了海珊政權。然而，戰爭的正當性很快被證實是建立在錯誤情報之上，沒有找到任何大規模殺傷性武器，甚至連相關計畫都沒有，這讓這場戰爭的合法性大幅削弱。但顯然地，美國並不承認自己的錯誤，在海珊倒臺後，美國未能有效管理伊拉克的重建和治理，導致宗派衝突加劇，社會動盪不安。更糟糕的是，在美國撤軍後，伊斯蘭國（ISIS）迅速崛起，進一步破壞了當地的安全和穩定。這一失敗顯示出，美國在干預伊拉克時缺乏全盤計畫，未能充分考慮到戰後重建和長期穩定的挑戰。

二〇一一年阿拉伯之春引發了敘利亞內戰，美國介入支持反阿薩德政權的反對派武裝。然而，敘利亞內戰迅速演變為多重代理人戰爭，美國的干預難以控制局勢。反對派內部分裂嚴重，無法形成統一的力量對抗阿薩德政權。此外，俄羅斯的強力介入使得美國的影響力大打折扣。俄羅斯不僅提供了軍事支持，還在國際外交舞臺上為阿薩德政權提供保護。美國的介入最終未能改變敘利亞內戰的進程，反而陷入了一場無法勝利的持久戰。

美國在全球多個戰地衝突中的介入失敗，顯示出其在沒有深入了解當地情勢和文化背景的情況下進行的軍事干預，往往難以達到預期效果，反而可能激化矛盾，造成更大的混亂和人道災難。

這些失敗的案例反映出軍事力量並非解決複雜國際問題的萬能鑰匙，唯有透過深入了解和尊重當地文化，並採取多邊合作的方式，才能真正實現長久的和平與穩定。

反觀現在的臺海局勢，臺灣對美國的高度依賴恐怕也將把自己推入險境，這不是疑美論，而是必須呼籲臺灣不能單靠美國的軍事協助，應該加強自身的防衛力量，提升軍事裝備和訓練，增強自衛能力，而非完全依賴外國勢力。這樣才能在衝突中更具自我防衛能力，減少對外部干預的依賴。過去常有人把臺灣和以色列做對比，但是以色列發生戰爭的時候，全民動員能力強大，男女老幼幾乎都願意提槍上戰場，光是這一點，恐怕就不是臺灣能夠做到的。

儘管臺灣的外交處境艱困，但仍應積極尋求國際社會的支持，並和中國維持穩定的關係。加強與其他國家的合作，共同應對可能的威脅，減少單方面依賴美國的風險。臺灣國內的政治穩定和社會團結，是應對外部威脅的基礎。政府應該加強與民眾的溝通，凝聚共識，提升國內抗壓能力，避免內部分裂和動蕩。若以臺灣政治兩極化分裂的狀態來看，哪還需要敵人來打呢。

我不懷疑美國對抗中國的軍事能力，但從我採訪過的戰地經驗來看，一旦臺灣中國發生軍事衝突，就算美國真的出兵護臺，臺灣平民百姓的死傷代價恐怕會大到難以承受。

風險：地緣政治的衝突

全球地緣衝突的風險持續增加，不僅僅是因為歷史和宗教等深層次的矛盾，更是因為國際政治勢力的角力和資源爭奪。以中東為例，除了以色列和巴勒斯坦的長期對立，還有伊朗、沙烏地阿拉伯、敘利亞和黎巴嫩等多國參與的代理人戰爭。這些衝突不僅僅影響了當地的安全和穩定，也對全球能源供應和經濟產生了重大影響。

中東地區的局勢複雜，哈瑪斯對以色列的攻擊背後，不僅有伊朗的軍事支持，還反映了當地對以色列長期壓迫的不滿。伊朗和以色列的對峙，帶進了美國和其他西方國家的勢力，不僅加劇了中東地區內部的矛盾，也引發更大的國際勢力的對抗。

對於臺灣而言，全球地緣衝突的風險也間接影響著我們的安全和外交策略。臺灣處在亞太區域，面臨著來自中國的軍事威脅，而中國與美國之間的緊張關係，更使得臺灣的地緣政治環境複雜且充滿變數。在這樣的背景下，臺灣豈能不審慎因應全球地緣衝突的風險，並制定相應的戰略？

作為一個島國，臺灣得加強能源、糧食等戰略物資的儲備與供應鏈安全，避免因地緣衝突造成的物資短缺對國內經濟和民生的衝擊。推動經濟多元化，減少對單一市場的依賴，增強經濟抵禦風險的能力。但同樣的，由於臺灣強大的世界供應鏈角色以及臺積電晶片已經是世界科技推動不可缺少的元素，整個世界都心繫臺灣的國家安危，稍有風吹草動都能成為世界頭條，現在正是臺灣在國際間發揮影響力最好的時刻，臺灣在評估地緣風險的因應時，應善用自己手上的武器，而不是過度依賴外來的援助。

後記

從以色列和巴勒斯坦的衝突，到阿富汗和伊拉克的戰火，再到敘利亞和葉門的戰地採訪，每一段經歷都是對人性、勇氣和信念的考驗。這些戰地報導不僅僅是新聞，更是我對這個世界的深切反思。

在每一個戰地國家，我見證了無數的悲劇和希望。敘利亞難民營裡孩子們的笑容、葉門大學生對人生的期盼，戰地醫院裡無助母親的失落等，這些畫面都深深烙印在我的記憶中。戰爭帶來了無盡的痛苦，但同時也讓人們更加堅強，更加珍惜和平的可貴。這本書的寫作過程中，我不斷反思作為記者的角色和責任。我們報導戰爭，揭露真相，但我們能改變什麼？

我希望這本書能夠帶給讀者些許的啟發和反思。我們生活在一個動蕩的世界，每一個人的行動都可能影響到他人的命運。臺灣雖然面對中國的威脅，但整體而言，仍然是個幸福安逸的國家，當戰爭世代逐漸凋零，包括我在內的多數人都不曾親身經歷過戰爭的無情。

透過書寫和閱讀，讓我們一起關注那些遠在戰火中的人們，為他們祈禱，為和平努力。這不是結束，而是新的開始。希望有一天，我們不再需要報導戰爭，而是記錄和平的故事。

VIEW 系列 150

直到沒有戰火的那一天——一名戰地記者的生死見聞

作者—彭光偉

臺灣大學新聞所畢業，師大永續管理與環境教育所博士候選人。資深國際新聞記者，長期關注戰地、人權及地緣政治經濟議題。

《失控聖戰——伊拉克烽火前線》獲二〇一七年卓越新聞獎，《阿富汗——塔利班之國》獲二〇二二年吳舜文新聞獎。

《消失的國界》

臺灣三立新聞臺的旗艦節目，製作第一手國際新聞報導，舉凡戰地實況、各國政經時事、環境生態、區域文化等專題內容均原創自製。開播十餘年，記者的採訪足跡遍布上百個國家；二〇二二年勇奪卓越新聞獎「新聞節目獎」，是各類新聞獎項的常勝軍。

時報文化出版公司成立於一九七五年，並於一九九九年股票上櫃公開發行，於二〇〇八年脫離中時集團非屬旺中，以「尊重智慧與創意的文化事業」為信念。

主　編—李國祥
企　畫—吳美瑤
董事長—趙政岷
出版者—時報文化出版企業股份有限公司
一〇八〇一九臺北市和平西路三段二四〇號三樓
發行專線—（〇二）二三〇六六八四二
讀者服務專線—〇八〇〇二三一七〇五
（〇二）二三〇四七一〇三
讀者服務傳真—（〇二）二三〇四六八五八
郵撥—一九三四四七二四　時報文化出版公司
信箱—一〇八九九臺北華江橋郵局第九九信箱
時報悅讀網—http://www.readingtimes.com.tw
電子郵件信箱—genre@readingtimes.com.tw
法律顧問—理律法律事務所　陳長文律師、李念祖律師
印　刷—華展印刷有限公司
初版一刷—二〇二四年十月二十五日
定　價—新臺幣四八〇元
（若有缺頁或破損，請寄回更換）

直到沒有戰火的那一天 / 彭光偉著. -- 初版.
-- 臺北市 : 時報文化出版企業股份有限公司,
2024.10
　面 ;　公分. -- (View ; 150)
ISBN 978-626-396-882-0(平裝)
1.CST: 新聞記者 2.CST: 戰爭 3.CST: 報導文學
4.CST: 中東

542.2　　　113015020

ISBN 978-626-396-882-0
Printed in Taiwan